Annika Durand

RHETORIK

DIE MACHT DER WORTE

Wie Sie die Kunst der Rede erfolgreich meistern, Körpersprache gezielt einsetzen und durch intelligente Methoden aus Kommunikation & Psychologie Menschen beeinflussen

Originale Erstauflage: Oktober 2019

Druck / Auslieferung: Amazon oder eine Tochtergesellschaft
Coverbild: new.cox, Waj / Shutterstock

ISBN: 978-1701859098

LOEWENSTEIN
BÜCHER & MEDIEN

Loewenstein Bücher&Medien GmbH
Stresemannstraße 84
D-22769 Hamburg

INHALT

Vorwort **6**

1. Grundlagen der Rhetorik **8**

1.1 Was ist Rhetorik und wie setze ich sie für mich ein? 9

1.2 Ihr Schlüssel: Die Körpersprache 14

1.3 Ihr Werkzeug: Thesen und Argumente 22

1.4 Ihre Zauberformel: Mächtige Stilmittel 27

Grundlagen der Rhetorik - Zusammenfassung 36

2. Professionelle Rhetorik **38**

2.1 Die 5 einfachen Schritte zur perfekten Rede 38

2.2 Die Zauberformel für den perfekten Vortrag 44

2.3 Die Kunst, das Publikum zu fesseln 48

2.4 Horrorszenario: Was tun, wenn etwas schiefläuft? 53

Professionelle Rhetorik - Zusammenfassung 60

3. Rhetorik im Alltag **63**

3.1 Streitgespräche meistern 63

3.2 Die Erfolgsstrategie, mit der Sie auf andere zugehen.... 68

3.3 Charisma-Wunder: Selbstbewusst durch Sprache 74

3.4 Die 5 Geheimtipps für die Durchsetzungsfähigkeit 80

3.5 Unwiderstehlich attraktiv - durch Rhetorik 84

Rhetorik im Alltag - Zusammenfassung 90

4. Kunstgriffe und Tabus 93

4.1 Absolute Rhetorik Sünden..93

4.2 Wörter und Gesten, die es zu vermeiden gilt.................97

4.3 Lernen von den Besten..102

4.4 Vier großartige Übungen für den Erfolg.......................105

4.5 Aufwärmen wie die Profis 109

Kunstgriffe und Tabus - Zusammenfassung.......................115

Schlusswort: Überzeugt sein ist alles...............................118

Vorwort

Motivationsredner auf einer großen Bühne, Schauspieler in einem Theater, Politiker, die im Fernsehen miteinander debattieren – das ist es, woran die meisten Menschen denken, wenn sie das Wort „Rhetorik“ hören.

Doch Rhetorik ist viel mehr als das, denn sie dient nicht nur denen, die im Rampenlicht stehen und ganze Völker bewegen wollen. Sie unterstützt uns alle - in unserem Alltag und im Umgang mit den Menschen, denen wir tagtäglich begegnen. Sprache ist das, was uns alle miteinander verbindet, und wenn Sie wissen, wie man sie geschickt einsetzt, um andere für sich zu gewinnen, so werden Sie sich dadurch den ein oder anderen Vorteil verschaffen - sei es im Job, im Privatleben oder in der Liebe.

Das Wort Rhetorik selbst stammt aus dem Altgriechischen und bedeutet so viel wie „Redekunst“. Schon in der Antike haben die Griechen erkannt, dass das Sprechen weit mehr ist als nur ein Mittel zum Zweck, um Informationen auszutauschen. Sie definierten die Rhetorik als Kunst und als Wissenschaft in einem.

Im Berufsleben kann Ihnen das in ganz unterschiedlichen Situationen helfen. Ihr Chef verlangt beispielsweise eine Präsentation über eine von Ihnen entwickelte Idee. Sie wollen ihm endlich zeigen, was in Ihnen steckt? Sie wollen sich als Teamleiter in Ihrem Arbeitsumfeld etablieren? Sie wollen Ihre Kollegen davon überzeugen, dass Ihre Herangehensweise die Beste ist? Ihre Sprache ist der Schlüssel! Und trauen Sie sich auch, endlich einmal die Gehaltserhöhung anzusprechen, die Sie verdienen. Mit den richtig gewählten Worten ist auch diese schnell erreicht.

Doch ebenso im Privatleben ändert die Art, wie Sie Ihre Sprache einsetzen, so manche Situationen. Die richtig gewählten Worte und ein überzeugendes Auftreten öffnen Ihnen ganz neue Wege.

Auch in Streitsituationen kann Ihnen die Rhetorik helfen. Wer durch altbewährte Strategien sein Gegenüber analysiert und überzeugend argumentiert, verschafft sich schnell die Oberhand in einem Wortgefecht, ohne dass die Situation ausartet. Sie können ruhig und bestimmt Ihre Sichtweise erklären und einfacher mit Menschen kommunizieren.

Wie Sie sich selbst nach außen hin geben und wie andere Menschen Sie wahrnehmen, das alles lässt sich über unsere Sprache bestimmen.

Dieses Buch soll Ihnen dabei helfen, die Kunst der Rhetorik zu meistern. Von den verschiedenen Stilmitteln der Rhetorik über die Entwicklungsstufen eines Vortrags bis hin zur richtigen Körperhaltung, die Ihre Argumente unterstreichen - dieses Buch lässt kein einziges Detail der Rhetorik-Grundsätze aus. Lernen Sie die Strategien und Techniken, die bereits die alten Griechen entwickelten und für sich einsetzten. Und Sie werden lernen, Ihr Leben von Grund auf neu zu gestalten.

Das Buch dient dazu, Ihre Sprache, Ihre Haltung und Ihr gesamtes Auftreten zu verbessern. Wer Sprache so kunstvoll beherrscht, dass er andere für sich gewinnt und von seinen Ideen überzeugt, der ist wahrhaftig ein Meister der Sprache.

Viel Spaß beim Lesen wünscht,

Annika Durand

1. Grundlagen der Rhetorik

Stellen Sie sich folgende Situation vor: Sie stehen auf einer großen Bühne, ein gespanntes Publikum sitzt vor Ihnen, das nur darauf wartet, von Ihren neuen Ideen zu erfahren. Sie haben eine Rede vorbereitet, von der Sie wissen, dass sie gleich alle begeistert. Klingt das jetzt noch nach purer Fantasie? Dann seien Sie sich sicher: Dieses Ziel erreichen Sie mit viel Disziplin, Ausdauer – und mit diesem Buch.

Die Rhetorik wird Ihnen ganz neue Türen zum kommunikativen Erfolg öffnen. Wenn Sie die Tipps und Tricks, die Sie in diesem Buch erwarten, anwenden, werden Sie bald merken, dass sich Ihr Leben sowohl im beruflichen als auch im privaten Bereich verbessern wird. Sie werden Komplimente darüber erhalten, wie offen und frei Sie plötzlich wirken, wie gut Sie auf andere zugehen, wie genial Ihre Ideen sind und welch guten Einfluss Sie auf andere haben. Sie selbst und die Menschen in Ihrem Umfeld profitieren schon bald von Ihren neugewonnenen Redekünsten.

Doch bevor es nun losgeht und Sie all die hilfreichen Tipps lernen, mit denen Sie Ihre Rhetorik, Ihre Körperhaltung und Ihr Auftreten effektiv verbessern können, erhalten Sie hier zunächst einmal einen allumfassenden Überblick darüber, was Rhetorik eigentlich ausmacht und was genau Sie in diesem Buch lernen werden.

Ein Schmied hat Hammer und Amboss, ein Rhetoriker hat seine Stimme, die Stilmittel und seine Körpersprache. Das sind die Grundlagen, mit denen Sie Ihre Kommunikation von Grund auf verbessern werden.

1.1 Was ist Rhetorik und wie setze ich sie für mich ein?

Haben Sie sich schon einmal gefragt, was einen guten Redner ausmacht? Wie es sein kann, dass einige Menschen andere berühren und bewegen - und das nur mit ihren Worten? Warum diese Personen den Raum betreten und plötzlich alle in ihren Bann ziehen? Oder warum wir einigen Menschen viel lieber zuhören als anderen?

Nun, all diese Fragen haben sich Philosophen und Wissenschaftler bereits vor über 2000 Jahren gestellt. Jahrhundertelang erforschten die Menschen des Altertums die Kunst des Sprechens und kamen schließlich zu einem gemeinsamen Ergebnis: Diese Kunst verdient eine ganz eigene Lehre – die Rhetorik.

Die Geschichte der Rhetorik

In der Antike entwickelte sich die Rhetorik vor allem in Griechenland, besonders in großen Städten wie Athen, welche eine Hochburg der griechischen Politik, des Handels und der Kunst war. Damals verwendete man die Rhetorik zunächst nur aus recht praktischen Gründen. Die Gesetzgebung Athens ermöglichte es nämlich jedem Einwohner, für sein Recht und Besitz in Diskussion treten zu können. Grundstücksverhandlungen, Anklagen, Ehebrüche, weitere diverse Justizangelegenheiten sowie natürlich die großen politischen Debatten wurden alle in der Form der Rede ausgetragen. Somit war für jeden Athener schnell klar: Wer hier Recht haben will, muss gut reden können.

Aufgrund dieses Bedarfes entstanden bald die ersten Ratgeber zum Thema Rhetorik. Es gab Gelehrte, die sich ausschließlich mit dieser Kunst befassten und Lehrer, die anderen die Kunst des Redens vermittelten. Sie sehen also: Nichts von dem, was Sie hier lernen, sind neumodische Erfindungen. Hier sprechen wir von jahrhundertealten Weisheiten und Lehren, die Sie noch heute nutzen können.

Gerade in der Neuzeit unterlag die Rhetorik jedoch einem starken Wandel. Zu Beginn der deutschen Poesie und Dichtkunst erst wiederentdeckt, wurde sie während der Epochen der Aufklärung und des Sturm und Drang geradezu verpönt. Große Dichter und Denker wie Johann Wolfgang von Goethe oder Immanuel Kant verabscheuten die Rhetorik mit all ihren Methoden. Kant warf der Rhetorik einst vor, sich nur die Schwächen des Gegners zunutze zu machen, was für ihn moralisch und ethisch nicht in Frage kam. Seiner Meinung nach sollte man der Rhetorik „gar keine Beachtung“ schenken.

Kant sollte in seiner Aussage recht behalten, denn als sich unter den Sozialrevolutionären um Karl Marx eine sozialpolitische Rhetorik entwickelte, die man nutzte, um die kommunistischen Ideale verherrlichend zu verbreiten, geriet die Rhetorik auch bald für eine breite Masse in ein schiefes Licht. Am schlimmsten stand es um sie jedoch während des Dritten Reiches. Adolf Hitler und Joseph Goebbels, welche beide begnadete Rhetoriker waren, nutzten das dunkelste Mittel der Redekunst, die Manipulation, um ganze Massen zu bewegen.

Auch wenn diese Zeit ein Schandfleck in der Geschichte der Rhetorik ist, so ist es dennoch wichtig, diese zu erwähnen, denn erst dann können wir erkennen, was für ein mächtiges Werkzeug die Redekunst letztendlich ist.

Im Laufe des 20. Jahrhunderts wurde die Rhetorik dann Schritt für Schritt von verschiedenen Wissenschaftlern, Professoren und Rednern wiederentdeckt. Ein neues Zeitalter brach an, in dem man sie erneut für das schätzte, was sie war: ein hilfreiches Mittel, um Meinungen, Ideen und Sachverhalte darzulegen oder zu diskutieren.

Doch was ist die Rhetorik heute? In der Moderne, dem 21. Jahrhundert, angekommen, hat sich die Rhetorik noch etwas weiterentwickelt. Heute sehen wir in ihr eben nicht nur ein Mittel zum Zweck, um Diskussionen auszutragen, sie ist noch weitaus mehr als das. Sie verbindet Selbstvertrauen und Charisma, positives Auftreten und Führungsfähigkeit mit einer einzigen Tätigkeit: dem Sprechen.

Psychologie, Überzeugung und Manipulation

Schon längst haben Wissenschaftler den psychologischen Hintergrund erfasst, der hinter der Rhetorik steckt. Wem wir vertrauen, wer auf uns attraktiv oder sympathisch wirkt, wem wir folgen und wen wir unterstützen wollen, vieles davon entscheidet unser Gehirn allein anhand der Körpersprache und der Wortwahl eines Menschen.

In der Theorie könnten Sie also von heute auf morgen Ihre gesamte Persönlichkeit, die Art, wie andere Menschen Sie wahrnehmen, und Ihren Erfolg ändern und das nur, indem Sie anders sprechen und sich anders bewegen.

Natürlich ist es in der Realität nicht so ganz einfach, aber es ist dennoch erstaunlich, wie stark sich diese Dinge auf uns und andere auswirken.

Wie bereits erwähnt hat die Rhetorik aber auch dunkle Seiten, denn Sie erkennen sicher, wie schnell wir andere hiermit täuschen und manipulieren können. Das ist jedoch weder der Inhalt dieses Buches noch der Weg, den Sie jemals gehen sollten. In diesem Buch zeigen wir Ihnen, wie Sie andere von Ihren Meinungen überzeugen, ohne dass Sie diese manipulieren, wie Sie stärker, attraktiver und erfolgreicher wirken, ohne andere zu täuschen. Diese Macht, das positive Nutzen der Rhetorik, erhalten Sie mit dem Studieren dieses Buches.

Die Grundsäulen der Rhetorik nach Aristoteles

Der antike Philosoph und Naturforscher Aristoteles, einer der einflussreichsten Gelehrten der Menschheitsgeschichte, definiert Rhetorik daher durch drei Säulen:

1. Logos

Hierbei handelt es sich um die Fakten und Argumente, die wir in einer Rede vorlegen. Es geht um das reine pragmatische Verständnis. Wir Menschen wollen hören, warum eine Meinung richtig sein soll, Logos liefert Beweis und Beispiel, warum dies so ist. Somit wird unsere Vernunft angesprochen.

2. Pathos

Das Pathos spricht die Emotionen des Menschen an. Was will mein Gegenüber eigentlich hören? Wie schaffe ich es, dass meine Meinung ihn berührt? Hier geht es darum, Bilder zu schaffen, Situationen, in denen der andere sich selbst sehen kann, Probleme, mit denen er sich identifiziert. Wir Menschen merken uns Dinge, die mit Emotionen verknüpft sind, viel besser und lassen uns so schneller von anderen Meinungen überzeugen.

3. Ethos

Hier wird das Vertrauen und die Glaubwürdigkeit der Menschen angesprochen. Wir nehmen gern nur die Meinungen der Personen an, die wir als Experten in einem Thema erkennen. Wie oft sehen wir zum

Beispiel die Werbung, in der es heißt: „9 von 10 Zahnärzten empfehlen diese Zahncreme". Warum? Weil das sofort Vertrauen aufbaut und uns das Gefühl gibt, dass wir hier ein gutes, getestetes Produkt erwerben.

Fakten, Emotionen, Vertrauen - diese drei Faktoren sind die Grundsäulen der Rhetorik. Egal, ob Sie einen Vortrag halten oder nur Smalltalk führen, sie werden Ihnen immer wieder begegnen.

Artenvielfalt der Rede

Wenn wir von der klassischsten Form der Rhetorik sprechen, dann meinen wir die Rede. Aber Rede ist nicht gleich Rede! Im Laufe Ihres Lebens werden Sie sehr vielen verschiedenen Arten des öffentlichen Sprechens begegnen. Es gibt Dankesreden, Produktvorstellungen, Referate, argumentative Reden, Stand-up Comedy, Lobreden, Eröffnungsreden, Motivationsreden, Seminarvorträge und noch viele mehr. In diesem Buch werden die Tipps und Tricks so allgemein gehalten, dass diese auf alle Formen anwendbar sind. Wichtig ist nur, dass Sie wissen, in welche Richtung Ihre Rede gehen soll.

Warum den Einstieg in die Rhetorik wagen?

Die Rhetorik ist überall, wo Menschen kommunizieren. Gerade in unserer modernen Zeit, in der wir immer und überall mit anderen vernetzt sind, spielt das eine große Rolle.

Vielleicht denken Sie ja:

„Diese Rhetorik, das klingt nach so großer Verantwortung, da muss man schon ein bedeutender Politiker oder ein Schauspieler sein, um so etwas zu beherrschen".

Oder wenn Sie glauben: *„Jemand wie ich, ich habe doch gar nichts zu sagen, womit ich die Menschen begeistern kann...“*

Ich jedoch sage Ihnen: **Sie haben etwas zu sagen!** Jeder Mensch hat eine ganz einzigartige Wahrnehmung und jeder Mensch ist richtig, so wie er ist. Sie werden es lernen, wie Sie Ihre Einzigartigkeit nach außen tragen können.

Seien Sie sich immer bewusst: Der Zuhörer kann nur von Ihren Ideen profitieren. Was Sie durch Ihre Sprache vermitteln, kann den Menschen die Augen öffnen, es kann sie vor den Kopf stoßen, es kann sie belustigen oder entrüsten, aber vor allem wird es sie immer bewegen - sei es positiv oder negativ. Sie haben etwas zu geben, das andere Menschen hören wollen. Sobald Sie das wissen, sind Sie auf einem guten Weg.

Wenn Ihre Zuhörer noch am Abend über das nachdenken, was Sie Ihnen mit auf den Weg gegeben haben, dann haben Sie gute Rhetorik betrieben.

Dieses Buch ist der erste Schritt in diese Richtung. Die Tatsache, dass Sie jetzt gerade diese Zeilen lesen, zeigt bereits, dass Sie etwas geben wollen. Das Buch hilft Ihnen dabei, das zu verwirklichen.

1.2 Ihr Schlüssel: Die Körpersprache

Wenn wir das Wort „Kommunikation“ hören, dann denken die meisten Menschen an die Sprache, an das verbale Kommunizieren mit anderen Leuten. Doch das ist nur die eine Hälfte von dem, was Kommunikation ausmacht. Denn neben dem, was wir direkt aussprechen, gibt es noch eine zweite Ebene, auf der wir stets kommunizieren: die nonverbale Kommunikation, unsere Körpersprache.

Die Körpersprache umfasst alles, was wir uns unter Körperhaltung, Gestik und Bewegung vorstellen können. Die Haltung der Arme, der Hände, der Beine, die Art, wie wir einen Gegenstand halten, die Hand geben, wie wir sitzen, unser Blick und die Distanz, die wir zu anderen halten – das alles ist Körpersprache.

Sie kann das, was tatsächlich gesagt wird, unterstützen und verstärken, sie kann es aber auch unstimmig machen und entkräften, wenn das gesprochene Wort und die Aussage des Körpers nicht zueinander passen.

Auch die Sympathie, die wir für unser Gegenüber empfinden, und die Verständlichkeit, mit der wir neue Informationen aufnehmen, hängen mit der Körpersprache zusammen. Wie Sie sehen, ist es unentbehrlich, dass Sie als Rhetoriker immer eine durchdachte und eindeutige Körpersprache pflegen, denn ein Körper, der gegensätzlich zu dem wirkt, was Sie sagen, zerstört Ihnen die beste Rede.

Einige Menschen werden jetzt vielleicht denken: „Das ist aber kompliziert! Am besten setze ich meinen Körper beim Sprechen gar nicht ein und verhalte mich einfach still und neutral. So passieren mir keine Ausrutscher und nichts kann fehlinterpretiert werden!“

Doch beachten Sie hierbei folgendes Zitat: *„Man kann nicht nicht kommunizieren.“* (Paul Watzlawick)

In allem, was wir tun, steckt eine Botschaft, auch wenn wir versuchen, uns völlig neutral zu verhalten.

Verschränkte Arme, die oft einfach nur auf eine entspannte Haltung hindeuten, können als abweisend und verschlossen betrachtet werden. Hände in den Hosentaschen, meist auch einfach nur eine bequeme Haltung, wirkt schüchtern, zurückhaltend oder sogar gelangweilt. Hände und Arme auf dem Rücken wirkt so, als hätten wir etwas zu verbergen. Ein neutraler, unveränderter Gesichtsausdruck wirkt unzugänglich und schläfrig. Selbst wenn Sie versuchen, absolut neutral auszusehen, senden Sie Signale an Ihre Mitmenschen.

Inzwischen gibt es Spezialisten, die sich ausschließlich auf das Lesen und Deuten der Körpersprache konzentrieren. Somit können sogar Lügen entlarvt und Täuschungen erkannt werden. Besonders gerne werden dabei natürlich Politiker, Stars oder Angeklagte analysiert, alle, die öffentlich ein Statement abgeben und eventuell nicht ganz die Wahrheit sagen.

Einen originellen Trick wendet die Bundeskanzlerin Angela Merkel an, um sich vor genau solchen Analysen zu schützen. Auf vielen Fotos, Presseterminen, Auftritten im Fernsehen usw. nimmt sie oft eine bestimmte Pose ein, die im allgemeinen Sprachgebrauch bereits als die „Merkel-Raute" bekannt ist. Dabei legt sie die Fingerspitzen beider Hände aufeinander und hält diese auf Bauchhöhe vor ihrem Körper.

Diese Haltung ist aus zwei Gründen bemerkenswert: Einerseits ist der Körper aufrecht, hat einen festen Stand, der Rücken ist gerade, die Schultern sind gestreckt und die Hände sichtbar vor dem Körper. Das lässt sie groß, freundlich und offen wirken. Andererseits gibt ihr das viel Sicherheit und eine gewisse Undurchschaubarkeit. Wir alle kennen die Kanzlerin in dieser Haltung, weshalb es besonders schwer ist, diese zu deuten.

Niemals oder nur gelegentlich würden ihr Ausrutscher passieren, Momente, in denen sie sich durch ihre Körpersprache verrät, in denen sie Signale sendet, die sie nicht ausspricht. Ihre Haltung ist felsenfest und undurchschaubar, was sie komplett immun gegenüber allen macht, die versuchen, mehr daraus zu lesen.

Genau wie Angela Merkel können auch Sie sich solche Tricks zunutze machen, um sich stark und selbstbewusst zu präsentieren.

Gestik

Die Gestik beschreibt alle Bewegungen, die wir während der Kommunikation durchführen, vor allem die der Hände, der Arme und des Kopfes.

Es gibt bestimmte Gesten, die jeder unmissverständlich deuten kann, da sie bereits Synonyme für gesprochene Worte sind.

Beispiele: Daumen nach oben heißt „Gut gemacht!“, der ausgestreckte Zeige- und Mittelfinger steht für das Friedenszeichen, eine geballte Faust zeigt Wut und Aggression, Zeigefinger und Daumen in einem Kreis bedeutet „Alles okay!“

Doch neben diesen eindeutigen Gesten gibt es noch viel mehr, was wir ganz unbewusst während des Redens tun. Es ist die Gestik, die Sie nun bewusst kontrollieren werden, wenn Sie sich mit der Rhetorik vertraut machen.

Gerade bei Vorträgen kann zu hektische, wilde Gestik vom eigentlich Gesagten ablenken, zu steife Gestik kann dagegen langweilen. Es ist also wichtig, eine gute Balance zu finden - Bewegungen, die das Gesagte unterstützen, aber nicht übertrieben wirken.

Wenn Sie zu Beginn noch ein wenig unsicher sind, dann ist es hilfreich, während einer Rede etwas in die Hand zu nehmen. Das kann ein Stift sein, ein Stab, eine Fernbedienung, mit der Sie vielleicht einen Projektor bedienen oder Ähnliches. Achten Sie dann darauf, dass Sie Ihre Hände immer gut sichtbar vor dem Körper halten, am besten auf Bauchhöhe. Das lässt Sie organisiert und freundlich, aber auch professionell wirken. Mit dem Objekt in Ihrer Hand können Sie dann auch mal auf etwas zeigen.

Wenn Sie merken, dass Ihnen das Reden mit einem Hilfsmittel in der Hand nach einiger Zeit richtig einfach fällt, dann legen Sie es weg.

Die Angewohnheit, etwas in der Hand zu halten, wird zwar nur selten hinterfragt, aber es macht Sie dennoch viel offener und souveräner, wenn die Hände komplett frei sind und das Publikum diese sehen kann. Unbewusst wirkt es nämlich doch immer so, als würden Sie sich an etwas festhalten müssen.

Üben und halten Sie Ihre ersten Reden also getrost mit einem Hilfsmittel, legen Sie dieses aber wieder ab, sobald Sie merken, dass es auch ohne geht.

Ferner nutzen Sie Ihre Hände dafür, ganz bestimmte Worte zu unterstreichen. Sie sprechen davon, dass etwas gewachsen oder größer geworden ist? Machen Sie mit Ihrer Hand eine aufsteigende Bewegung. Sie sprechen davon, wie riesig etwas ist? Zeigen Sie das mit einer ausladenden Geste. Sie zählen mehrere Punkte auf? Stellen Sie das mit Hilfe Ihrer Finger dar.

Beginnen Sie zuerst einmal nur mit einfachen Dingen, um ein Gefühl zu bekommen, was wirkt und was nicht. Bald werden Sie ein ganz eigenes Gespür dafür entwickeln, was gut aussieht bzw. was sich gut anfühlt.

Blick

Die Augen sind bekanntlich die Tür zur Seele eines Menschen. Ebenso wichtig sind sie bei der Kommunikation.

Während ein direkter oder sehr langer Blickkontakt meist als unangenehmes Starren empfunden wird, kann er darüber hinaus eine Verbindung aufbauen und Liebe vermitteln. Hier kommt es dann darauf an, wie und mit wem Sie diesen Blickkontakt haben. Bei Fremden, Kollegen und Freunden (d. h. Menschen, die nicht direkt zur engsten Familie gehören) dauert der durchschnittliche Blickkontakt zwischen 1-3 Sekunden.

Sofern es weniger ist, wird dies als desinteressiert gewertet, alles, was diese Zeit überschreitet, wird als aufdringlich und unangenehm empfunden. Nun müssen Sie natürlich nicht immer mitzählen, wenn Sie den Blickkontakt mit einem anderen Menschen halten, denn oft merken Sie von selbst, ab wann es befremdend wird. Wichtig ist nur, dass Sie den direkten Blickkontakt mit anderen auf gar keinen Fall scheuen! Er ist elementar für das positive Gefühl, das andere erhalten, wenn Sie mit ihnen sprechen.

Bei Präsentationen achten Sie am besten immer auf einen wachen, aufmerksamen Blick, der über die Zuhörer schweift.

In einer großen Halle ist es ratsam, nicht in einzelne Gesichter zu blicken, denn gerade unter großen Menschenmengen ist es für die, die direkt angesehen werden, oft eher unangenehm. Suchen Sie sich im Publikum drei bis vier Ankerpunkte und lassen Sie den Blick von Punkt zu Punkt wandern. Somit geben Sie Ihren Zuhörern das Gefühl, immer eine breite Masse zu würdigen.

Wenn Ihr Publikum nur aus ein paar Kollegen und Ihrem Chef besteht, ist es meist umgekehrt. Lassen Sie Ihren Blick über jedes einzelne Gesicht schweifen, auch hier ohne den direkten, schnell unangenehm werdenden Augenkontakt zu suchen, doch immer mit jeder Person im Augenwinkel, um niemanden zu vernachlässigen.

Distanz

Die Distanz, die Sie zu einem Gesprächspartner halten, kann Vertrauen und Freundschaft, romantisches Interesse oder auch Abneigung andeuten.

Jeder Mensch besitzt bestimmte Distanzzonen, die bestimmen, wie nah sich ein anderer Mensch Ihnen nähern darf und ab wann es unangenehm wird.

- Die sogenannte öffentliche Zone beschreibt die Zone, in der wir uns am ungestörtesten und fern von anderen fühlen. Der ideale Abstand zwischen Publikum und Redner beträgt 3,60 Meter. Damit fühlen wir uns wohl und nicht eingeschränkt.

- Die soziale Zone ist die Zone, in der wir andere Menschen um uns herum wahrnehmen. Ob beim Warten am Bahnhof, in Geschäften, beim Laufen auf der Straße – sobald wir mit Fremden interagieren, überschreiten wir in der Regel nie einen Abstand von ca. 1,20 Metern. Wenn eine fremde Person diesen Abstand ohne Grund überschreitet, fühlt es sich oft ein wenig unbehaglich an.

- Die persönliche Zone, auch Privatsphäre genannt, beschreibt einen Abstand zwischen 60 cm bis 1,20 Metern, den wir beispielsweise zu Bekannten und Kollegen halten.

- In der intimen Zone, auch Intimsphäre genannt, überschreiten andere die Grenze von 60 cm. Diese Zone ist allein für Familie, Freunde und natürlich den Partner vorgesehen sowie für Menschen, die wir wirklich mögen. Die unmittelbare Nähe zu ihnen wird somit als etwas Schönes wahrgenommen. Kommt eine fremde Person in diese Zone, so wird das nicht nur als unbehaglich, sondern als unhöflich oder manchmal sogar als gefährlich eingestuft.

Seien Sie sich also immer darüber im Klaren, wie nah Sie einem anderen Menschen treten dürfen, um eine angenehme Situation zu schaffen. Ein wenig können Sie bei den Abständen auch mogeln, denn die genannten Abstände gelten, gerade bei den letzten beiden erwähnten Zonen, für die Nähe frontal zum Menschen. Wenn ein Fremder 30 cm direkt vor Ihnen steht, so ist das sehr unangenehm. Steht der Fremde jedoch 30 cm neben Ihnen, dann ist das durchaus noch in Ordnung. Sie können Ihren Gesprächspartnern also nahekommen und ihnen immer noch ein gutes Gefühl geben, wenn Sie sich leicht seitlich platzieren. Das schafft Vertrauen und kann dabei helfen, sich einfacher mit anderen anzufreunden.

Mimik

Früher war die Mimik in der Rhetorik genauso wichtig wie die Gestik und die allgemeine Körpersprache. Heutzutage hat sie etwas an Bedeutung verloren, da eine stark betonte Mimik für viele schnell übertrieben und somit gestellt, theatralisch erscheint. Hier gilt: „Weniger ist mehr!“

Wenn Sie Ihre Mimik dennoch bewusst einsetzen möchten, dann verlassen Sie sich auf Bewegungen des Mundes und der Augenbrauen. Starke Bewegungen in diesen Bereichen empfinden wir meist noch am gewöhnlichsten und sie wirken nicht sofort übertrieben.

Grundsätzlich sollten Sie stets ein Lächeln in den Mundwinkeln tragen, ein freundliches und offenes Lächeln. Das hilft Ihnen, immer sympathisch und dennoch professionell zu wirken. Am Ende dieses Kapitels möchte ich Ihnen noch einen Tipp geben: Üben Sie Ihren Händedruck! Im privaten und besonders im beruflichen Bereich ist der Händedruck die Visitenkarte Ihrer Körpersprache. Sie wollen energisch und offen wirken? Verzichten Sie auf einen zu schlaffen Druck, das lässt Sie schüchtern und zurückhaltend wirken. Wenn Sie dagegen zu fest drücken, wirken Sie grob und dominant.

1.3 Ihr Werkzeug: Thesen und Argumente

Argumentationen begegnen Ihnen sowohl im Alltag als auch im Beruf immer wieder - wenn Sie andere von Ihrer Meinung überzeugen möchten, wenn Sie abwägen müssen, ob Sie für oder gegen etwas sind, und letztendlich auch, wenn Sie eine Rede schreiben. Denn tatsächlich ist jede Rede immer auch gleichzeitig eine Argumentation für eine Stellung, eine Meinung, die Sie haben.

Darum ist es jetzt noch einmal besonders wichtig, die Grundlagen einer guten Argumentation zu wiederholen. An vieles werden Sie sich vielleicht noch aus Ihrer Schulzeit erinnern, denn im Deutschunterricht wird immer wieder das Schreiben einer Argumentation verlangt.

Hier erhalten Sie einen Überblick über die Grundlagen der Argumentation, aber auch noch weitere Tipps, mit denen Sie Ihre Argumente erst so richtig überzeugend darlegen.

Das 3-B-Schema

Jede Argumentation besteht aus 3 Bausteinen, die logisch aufeinander aufbauen: Eine Behauptung, eine Begründung und ein Beweis.

Während eine Behauptung in einer Argumentation zwar wichtig ist, sind gute Begründungen noch viel wichtiger, weil durch sie die These unterstützt wird.

Mit den Beweisen verleihen Sie dem Ganzen dann noch mehr Gewicht, da in den meisten Fällen eine Begründung oft nicht ausreicht. Sie sehen also: Die Wichtigkeit der Inhalte steigt mit jedem Schritt.

1. Am Anfang jeder Argumentation steht also eine Behauptung, auch These genannt. Behauptungen, die Ihnen im Alltag begegnen, sind zum Beispiel: „Fleisch essen ist schlecht!“ oder „Avatar ist ein guter Film!“. In Bezug auf eine Rede oder einen Vortrag ist die These meist gleichzusetzen mit dem Thema, so zum Beispiel: „Diese vorgestellte Idee ist die beste!“ oder „Dieses erläuterte Konzept wird Ihr Leben verändern!“. Also auch Reden, die an sich keine Argumentationsreden sind, haben immer die Elemente einer solchen. Darum sind diese Grundlagen so ausgesprochen wichtig.

2. Mit einer Behauptung ist allerdings noch niemand überzeugt worden. Um das zu erreichen brauchen Sie Begründungen. Aufbauend auf die Behauptung „Fleisch essen ist schlecht“ könnte eine Begründung zum Beispiel lauten: „Weil die Viehzucht extreme negative

Einflüsse auf die Umwelt hat“ oder „Weil das Essen von Tieren ethisch nicht vertretbar ist“.

3. Damit Ihre Begründungen dann auch wirklich überzeugend sind, brauchen Sie Beweise. Beweise können sein: Studien, Umfragen, eigene Erfahrungen, (soziale) Experimente, Zahlen, Daten, Fakten etc. Am besten geben Sie bei diesen Beispielen auch immer eine Quelle mit an, dadurch erkennt man erst recht den Wert des Beweises. In Bezug auf das Fleischessen sähe eine Argumentation folgendermaßen aus:

„Fleisch essen ist schlecht (Behauptung). Die Viehzucht hat extreme negative Einflüsse auf die Umwelt (Begründung). Das World-Watch-Institut gab 2009 bekannt, dass jährlich 51 % der schädlichen Treibhausgase allein durch die Haltung von Nutztieren entsteht (Beweis).“

Ein Appell an den Zuhörer (siehe Kapitel 2.2) solch einer Argumentation wäre somit „Essen Sie weniger Fleisch!“

Eine wichtige Anmerkung an dieser Stelle: Für eine Behauptung kann es stets viele Begründungen und Beispiele geben, denn umso mehr gute Beweise Sie für Ihre Behauptungen darlegen können, desto stärker unterstützen Sie Ihre Meinung. Gegner werden Schwierigkeiten haben gegen Sie zu argumentieren, wenn Sie immer mehr gute Beweise nachliefern.

Effektiver Aufbau

Argumentative Reden müssen auf eine bestimmte Weise gegliedert werden, damit Sie diese auch effektiv einsetzen können. Für Argumentationen gibt es einige klassische Aufbau-Modelle. Im Anschluss stelle ich Ihnen die 2 wichtigsten und beliebtesten vor. Hierbei gilt zu beachten, dass diese oft auch darauf ausgelegt sind, Gegenargumente mit einzubeziehen. Das müssen Sie nicht tun, wenn Sie es nicht wollen. Hier handelt es sich nämlich um rein klassische argumentative Reden, wie man sie beispielsweise in Debattierclubs hält. Für eine Produkt- oder Idee-Vorstellung am Arbeitsplatz müssen Sie sich natürlich nicht an die Regeln einer solchen argumentativen Rede halten. Jedoch kann ein solches Konzept in jeder Situation hilfreich sein, in der Sie versuchen, andere von Ihrer Meinung zu überzeugen. Denn wenn Sie Gegenargumente gegen Ihre eigene Position erwähnen und diese mit guten Argumenten direkt wieder entkräften, dann spricht das für Ihren Standpunkt.

1. Sanduhr–Modell

Ein beliebtes Modell zum Einteilen von Argumenten ist das sogenannte Sanduhr-Modell. Hier beginnen Sie mit dem stärksten Gegenargument zu Ihrer Meinung. Anschließend folgen schwächere Gegenargumente bis hin zum schwächsten Argument, das gegen Ihre Meinung spricht. Nun folgt das schwächste Ihrer Pro-Argumente. Dann bauen Sie die Wichtigkeit wieder auf und enden mit Ihrem stärksten Argument für Ihre Meinung. Bildlich kann man sich alles wie eine Sanduhr vorstellen.

Das klingt zunächst verwirrend, aber dahinter steckt ein interessantes, psychologisches Phänomen. Der Grund, warum das so effektiv ist, ist der sogenannte Recency-Effekt. Er besagt, dass bei einer Aufzählung von Dingen der zuerst genannte (positive Einleitung) und der zuletzt genannte Punkt (mächtigstes Pro-Argument) am besten im Gedächtnis des Zuhörers bleiben. Behalten Sie dies im Hinterkopf, wenn Sie sich an Ihre Gliederung setzen.

Übrigens funktioniert dieses Modell auch, wenn Sie keine Gegenargumente nennen wollen. Beginnen Sie dann einfach mit einem schwachen Argument, listen Sie dann stärker werdende Argumente und enden Sie mit Ihrer stärksten Aussage.

2. Pro– und Kontra Rede

Bei der Pro- und Kontra Rede geht es darum, Argumente und Gegenargumente direkt miteinander zu vergleichen und vielleicht sogar noch selbst abzuwägen. Dem Zuschauer wird die Freiheit gelassen, sich eine eigene Meinung bilden zu können. Ihre Meinung steht im Allgemeinen aber fest.

Wenn Sie für eine Meinung sind, beginnen Sie mit einem Argument gegen diese Meinung. Danach kommt direkt eins, das für Ihre Meinung spricht. Dann wieder Kontra, dann wieder Pro und so weiter, bis die Rede endet. Wenn Sie gegen eine Meinung sind, beginnen Sie mit einem Argument für diese Meinung. Aber wieso?

Wichtig ist nicht, womit Sie starten, sondern womit Sie enden! Und wenn Sie Ihre Pro-Rede folgendermaßen aufbauen, dann wird ein Argument, das für Sie spricht, immer zuletzt genannt:

Kontra, Pro, Kontra, Pro, Kontra, Pro

Sie können Ihre Pro-Argumente auch nach Wichtigkeit aufbauen, damit so das letzte genannte Argument das stärkste in Ihrem Vortrag ist. Somit haben Sie wieder die psychologische Wirkung des Recency-Effekts für sich zunutze gemacht.

In beiden Fällen beginnt die argumentative Rede mit einer Einführung in das Thema und endet mit einem Fazit.

Die richtige Vortragsweise

In Kapitel 1.1 haben Sie bereits gelernt, dass Logos, das Argumentieren basierend auf Fakten, nur eine von drei Säulen der Rhetorik ist. Das bloße Aufsagen von Behauptung, Begründung und Beweis überzeugt noch niemanden. Über das richtige Pathos, das Ansprechen von Emotionen, werden Sie in diesem Buch noch mehr lernen, doch ich möchte an dieser Stelle noch einmal auf das Ethos, das Vertrauen, verweisen.

Wenn Sie also Argumente vortragen und wissen, dass es gut recherchierte Argumente sind, dass Sie 100 % dahinterstehen, dann vermitteln Sie das auch den Zuhörern. Sie sind der Experte, niemand kennt sich mit dieser Thematik besser aus als Sie. Nutzen Sie diese Zuversicht, um Ihre Argumente auch mit absoluter Überzeugung vorzutragen.

1.4 Ihre Zauberformel: Mächtige Stilmittel

Wäre die Rhetorik ein Gericht, dann wären die Stilmittel die Gewürze, die das Essen erst so richtig schmackhaft machen. Stilmittel verfeinern unsere Sprache durch wohlklingende Worte und aufregende Bilder und lassen uns mit Freude zuhören. Viele dieser Stilmittel sind besonders in der Lyrik beliebt, da sie durch die lebendigen Bilder, die entstehen, wunderbar einsetzbar sind für diese Sprachkunst. Scheuen Sie nicht davor zurück, diese auch während einer Rede einfließen zu lassen.

Im Folgenden stelle ich Ihnen die mächtigsten Stilmittel vor, mit denen Sie Ihre Zuschauer fesseln können und die Ihnen helfen, selbst die langweiligsten Fakten aufregend zu vermitteln.

Allegorie

Eine Allegorie ist die Verbildlichung eines abstrakten Begriffes. Sie gleicht der Metapher oder dem Symbol, ist jedoch in ihrer Beschreibung oft sehr spezifisch und ein eher ausgedehntes sprachliches Bild. Der Tod wird zum Beispiel oft durch gleich mehrere Bilder verkörpert: eine Sense, ein Schädel, ein dunkler Umhang - das alles zusammen ergibt für uns eine Allegorie des Todes. Ein weiteres Beispiel ist die Justitia, die mit verbundenen Augen, einem Schwert in der einen und einer Waage in der anderen Hand, eine universell verständliche Allegorie für Gerechtigkeit ist.

Mit diesem Stilmittel bringen Sie Farbe in Ihre Rede und regen den Zuschauer zum Mitdenken an.

Alliteration

Eine Alliteration ist eine Anhäufung mehrerer Worte, die alle mit denselben Lauten beginnen. Viele Zungenbrecher sind auch gleichzeitig Alliterationen, so zum Beispiel „Fischers Fritz fischt frische Fische. Frische Fische fischt Fischers Fritz“, bei dem die Worte immer auf einem „Fi / Fri“ - Laut beginnen, Ein weiteres Beispiel wäre „Zehn zahme Ziegen zogen zehn Zentner Zucker zum Zoo“, bei dem die Wiederholung des Anfangsbuchstabens „Z“ die Alliteration darstellt. Im allgemeinen Sprachgebrauch sind Alliterationen öfter zu finden als man es zu Beginn vielleicht vermutet. Worte wie klitzeklein oder blitzeblank sowie Slogans einiger Marken und auch der lateinische Spruch „veni vidi vici“ sind allesamt Alliterationen. Sie geben der Sprache Witz und prägen sich schnell ins Gedächtnis ein.

Anapher/Epipher

Bei der Anapher und der Epipher geht es nicht um einzelne Wörter, sondern um ganze Sätze. Die Anapher beschreibt das Phänomen, wenn mehrere Sätze immer mit denselben Worten beginnen, bei der Epipher enden die Sätze stets damit. Eine der berühmtesten Reden, in denen eine Anapher vorkommt, ist die Bergpredigt von Jesus Christus, wie sie im Evangelium nach Matthäus geschrieben ist:

„Selig sind, die da geistlich arm sind; denn ihrer ist das Himmelreich. Selig sind, die da Leid tragen; denn sie sollen getröstet werden. Selig sind die Sanftmütigen; denn sie werden das Erdreich besitzen. [...]“. Die Anapher entsteht durch den immer gleichen Satzanfang „Selig sind, die ...“.

Die Epipher, die wesentlich seltener zu finden ist als die Anapher, findet vor allem in der Lyrik Verwendung, so zum Beispiel im Gedicht von August von Planten, der dieses Stilmittel recht häufig verwendete:

„Sturm und Meeresgefährde trifft nie

Dich den Klugen, der geschifft nie;

Wer in Furcht sogar den Wein scheut,

trinkt das eingemischte Gift nie.“

Die Endung in dem Wort „nie“ ist hierbei die Epipher. Sowohl Anapher als auch Epipher helfen dabei, bestimmte Worte zu betonen oder hervorzuheben und erzeugen einen interessanten Erzählfluss.

Antithese

Eine Antithese beschreibt einen Satz, in dem zwei Gegensätze direkt gegenübergestellt werden, so zum Beispiel „Freund und Feind“ oder „vom Morgen bis zum Abend“. Auch die Antithese trägt wunderbar zur Wortmalerei Ihrer Rede bei und bringt Bilder und Symbolik in die Sprache.

Dysphemismus/Euphemismus

Bei diesen beiden Stilmitteln wird die Macht der Wortwahl besonders gut sichtbar. Bei einem Dysphemismus entscheidet sich der Redner bewusst, einen Sachverhalt negativ zu beschreiben, beim Euphemismus wird etwas positiv dargestellt. So werden meist Wörter durch ein negativeres/positiveres Wort ersetzt.

Ein Beispiel für den Dysphemismus wäre, wenn ein Redner das Wort „Polizist“, welches eine neutrale Berufsbezeichnung ist, durch das Wort „Bulle“ ersetzt, was augenblicklich negative Assoziationen hervorruft. Ein Widerstandskämpfer kann im Euphemismus als „Freiheitskämpfer“ bezeichnet werden, im Dysphemismus eher als „Terrorist“.

Sie sehen - beide Wörter erzeugen sofort Bilder im Kopf und bestimmen, ob wir einen Sachverhalt oder eine Situation als positiv oder negativ wahrnehmen. Machen Sie sich dies also immer zunutze.

Emphase

Eine Emphase ist eine besondere Betonung, etwas, das in geschriebener Variante gerne kursiv oder in Großbuchstaben hervorgehoben wird.

Beispiel: „Genau darauf kommt es an!" Das Wort „darauf" wird in diesem Satz also besonders betont und gewinnt somit an Wichtigkeit. Achten Sie darauf, welche Wörter Sie als Emphase einsetzen, denn je nachdem, welches Wort betont wird, verändert sich der Sinn des Satzes. Allgemein trägt die Emphase zum Rhythmus des Vortrages bei und bringt interessante Veränderungen.

Hyperbel

Bei einer Hyperbel handelt es sich um eine Übertreibung im ganz großen Stil. Im gewöhnlichen Sprachgebrauch verwenden wir die Hyperbel gerne, wenn wir über etwas schimpfen.

„Das ist die dümmste Idee überhaupt!" oder „Die Wartezeiten sind wirklich unendlich lang!" sind gute Beispiele, denn auch wenn solche Sätze immer wieder mal gesagt werden - es ist dennoch allen klar, dass es sich um maßlose Übertreibungen handelt. Auch einige Worte, die wir oft beiläufig verwenden, sind in sich selbst eine Übertreibung: blitzschnell, todmüde, Bärenhunger, Schneckentempo etc. Die Hyperbel bringt ebenfalls interessante Bilder in die Sprache und lässt den Zuhörer einfacher mitempfinden.

Allgemein dürfen Sie bei Ihren Reden sehr gerne übertreiben, gerade wenn es um eine Pro- und Kontra Rede geht. Solange Sie die Gegenmeinung nicht beschmutzen bzw. herabwürdigen und stets bei den Fakten bleiben, unterstützt dies Ihre Sprache gut.

Klimax

Bei der Klimax wird eine Steigerung in (meist) drei Schritten dargestellt, die mit dem wichtigsten/größten Ausdruck endet.

Beispiel: „Ich kam, Ich sah, Ich siegte!“ oder „Heute back’ ich, morgen brau’ ich, übermorgen hol’ ich der Königin ihr Kind“.

Durch die Steigerung wird eine Spannung aufgebaut, die zugleich unterhaltsam und zufriedenstellend auf den Zuschauer wirkt.

Metapher

Die Metapher wird oft als das wichtigste und gängigste Stilmittel bezeichnet, da die Bildlichkeit und Symbolik, die sie in die Sprache bringt, einerseits wunderschön klingt, andererseits aber auch sofort in den Köpfen der Zuhörer wirkt und zum Nachdenken anregt. Bei einer Metapher handelt es sich um Verbildlichungen, um Beispiele, die einen Sachverhalt mit Worten beschreiben, den jeder Mensch sofort nachvollziehen kann. Ein aussichtsloser Versuch wird damit zu einem „Tropfen auf dem heißen Stein“, eine unerwiderte Liebe bringt ein „gebrochenes Herz“ hervor.

Wenn ein wichtiges Ereignis einfach bewusst ignoriert wird, dann wird eine „Mauer des Schweigens darum errichtet“, veraltete Informationen sind „Schnee von gestern“. Bestimmt fallen Ihnen selbst noch weitere Metaphern ein, die man aus dem alltäglichen Sprachgebrauch kennt. Scheuen Sie also nicht davor zurück, diese Metaphern zu verwenden oder sogar eigene zu kreieren. Die Menschen lieben nachvollziehbare Metaphern und Ihr Publikum wird diese freudig entgegennehmen.

Paradoxon

Ein Paradoxon beschreibt eine Aussage, die in sich scheinbar widersprüchlich ist. Das berühmteste Beispiel hierfür ist ein Zitat des antiken Philosophen Sokrates „Ich weiß, dass ich nichts weiß“. Auch die

Aussage „Weniger ist mehr!“ ist ein Paradoxon. Das besondere an diesen Paradoxen ist, dass sie im ersten Moment etwas unsinnig wirken. Wenn man jedoch darüber nachdenkt, erkennt man dahinter einen tieferen Sinn, oft auch eine Art Weisheit, die mit den Zeilen vermittelt wird.

Personifikation

Bei der Personifikation werden nichtlebende Wesen oder Gegenstände vermenschlicht. Ihnen werden Eigenschaften oder Handlungsweisen zugesprochen, die eigentlich nur Menschen besitzen.

So zum Beispiel „rennt die Zeit“ oder „die Sonne lacht“. Konzepte wie „Mutter Natur“ für die Umwelt oder „Väterchen Frost“ für den Winter sind ebenfalls Personifikationen.

Rhetorische Frage

Eine rhetorische Frage ist eine Frage, die eigentlich keine Antwort verlangt. Entweder, weil die Antwort so offensichtlich ist, dass sie jeder weiß und man sie nicht aussprechen muss, oder weil die rhetorische Frage sarkastisch oder ironisch eingesetzt wurde und die Antwort nur den Witz zerstören würde.

Eine typische ironische Frage ist zum Beispiel „Machen wir denn nicht alle mal Fehler?“. Die Antwort ist ganz offensichtlich „Ja“ und muss darum nicht ausgesprochen werden. Im Gegenteil, das Unausgesprochene arbeitet hier für das Stilmittel, da es unter den Zuhörern eine stille Zustimmung und ein Gemeinschaftsgefühl erweckt, da jeder die Antwort weiß.

Während eine normale Frage immer eine Information als Antwort verlangt, so ist die rhetorische Frage stets Frage und Information zugleich.

Bei Ihren Reden können Sie dieses Stilmittel ganz bewusst einsetzen, denn die rhetorische Frage ist ein sehr geeignetes Hilfsmittel für Einstiege, Übergänge und dramatische Pausen.

Doch auch im alltäglichen Gebrauch oder zum Einsatz von Humor und Ironie ist die rhetorische Frage passend. Sätze wie „Sehe ich aus wie ein Lexikon?“, wenn man von Fragen durchlöchert wird, oder „Seid ihr denn wahnsinnig?“ implizieren eine witzige Stichelei.

Repetitio

Mit Repetitio meint man die Wiederholung im Allgemeinen, seien es einzelne Wörter, Wortpaare, Satzteile oder ganze Sätze. Unter diesem Begriff gibt es noch eine Menge an Stilmitteln, die alle eine Wiederholung behandeln (die Anapher und Epipher wurden bereits genannt). Eine Wiederholung legt stets Wichtigkeit und Interesse auf bestimmte Sätze und Wörter.

Symbol

Ähnlich wie die Allegorie steht auch das Symbol stellvertretend für einen Sachverhalt, hier jedoch meist direkter und eindeutiger als bei der Allegorie. Das Herz steht für Liebe, die Taube für Frieden, die Krone für Macht usw. Vor allem im religiösen Bereich sind Symbole stark vertreten: das Kreuz für das Christentum, der Sichelmond für den Islam, der Davidsstern für das Judentum.

Symbole sind Bedeutungsträger, verschönern die Sprache und lassen den Zuhörer mitdenken.

Wenn Sie nun von all diesen Fachbegriffen und Fremdwörtern ein wenig verwirrt sind, die mitunter doch sehr seltsam klingen, dann verzagen Sie nicht. Anders als früher in der Schule müssen Sie diese Stilmittel nicht mehr auswendig lernen oder benennen können.

Wichtig ist nur, dass Sie den Reiz jedes einzelnen Stilmittels verstehen und für sich entdecken, wie Sie diese zu Ihren Gunsten in der Sprache einsetzen. Das bringt Ihnen den maximalen Gewinn, ganz ohne lästiges Auswendiglernen.

Grundlagen der Rhetorik – Zusammenfassung

In diesen Kapiteln haben Sie gelernt, wie die Rhetorik aufgebaut ist und wie Sie Ihren Körper einsetzen können, um Ihre Worte zu unterstützen.

1. Was ist Rhetorik - und wie setze ich sie für mich ein?

- Die Rhetorik fand ihren Ursprung bereits in der Antike und hat sich im Laufe der Jahrhunderte eiterentwickelt. Heute liegt der Fokus auf der psychologischen Wirkung von Sprache und Körper.

- Aristoteles gliederte die Rhetorik in 3 Säulen: Logos (Verstand), Pathos (Emotionen) und Ethos (Vertrauen). Alle drei Säulen sollten in einer guten Rede angesprochen werden.

- Es gibt viele verschiedene Arten des öffentlichen Sprechens. Wichtig ist zu wissen, dass Sie etwas zu sagen haben, das Einfluss auf andere Menschen hat.

2. Ihr Schlüssel: Körpersprache

- Körpersprache = Haltung, Gestik, Mimik, alle Signale des Körpers

- Gestik in Vorträgen kann stören, wenn diese entweder zu heftig oder gar zu steif ist, ein Hilfsmittel in der Hand (z. B. ein Stift) kann helfen.

- Ein gewöhnlicher Blickkontakt dauert 1-3 Sekunden. Alles, was darüber hinausgeht, kann unangenehm werden, trotzdem sollten Nähe und Vertrauen vermittelt werden.

- Achten Sie auf die Distanzzonen Ihres Gegenübers und halten Sie immer einen angemessenen Abstand. Sie können anderen jedoch näherkommen, wenn Sie seitlich zu ihnen stehen, weil das Nähe fördert.

- Mimik wird heute nicht mehr als so wichtig empfunden wie noch vor einigen Jahren. Achten Sie darauf, diese nicht zu übertreiben.

3. Ihr Werkzeug: Thesen und Argumente

- Jede Argumentation besteht aus einer Behauptung, einer Begründung und einem Beweis. Wenn Sie in dieser Reihenfolge argumentieren, dann sind Sie ein ernstzunehmender Diskussionspartner.

- Zwei klassische Modelle für eine argumentative Rede sind das Sanduhr-Modell (Argumente von schwach zu stark aufbauen) und die Pro- und Kontra Rede (Argumente miteinander vergleichen und abwägen).

1. Ihre Zauberformel: Mächtige Stilmittel

- Stilmittel tragen dazu bei, dass Ihre Reden abwechslungsreich, unterhaltsam und interessant werden.

- Die 3 wichtigsten Stilmittel sind die Metapher, die rhetorische Frage und die Hyperbel.

2. Professionelle Rhetorik

Die Rhetorik, die Sie einsetzen können, lässt sich in zwei Themengebiete einteilen. Es gibt die Rhetorik, die Sie tagtäglich verwenden, wenn Sie sich z. B. mit Freunden unterhalten, auf neue Menschen zugehen oder ein Streitgespräch führen. Des Weiteren gibt es die Rhetorik, die Sie in einem professionellen Umfeld einsetzen, wie beispielsweise Reden vor Publikum in einer vollen Halle, Präsentationen vor den Kollegen oder wenn Sie Ihren Chef von Ideen und Vorschlägen überzeugen wollen. Das alles sind Bereiche, in denen Ihre Talente und Ihre Fähigkeiten als Rhetoriker verlangt werden.

Um diese Art von Rhetorik geht es in diesem Kapitel. Sie lernen, wie Sie die perfekte Rede konzipieren, wie Sie einen eindrucksvollen Vortrag halten und jeden Zuschauer komplett fesseln. Es sind die Schlüssel zu Ihrem Erfolg!

2.1 Die 5 einfachen Schritte zur perfekten Rede

Bereits in der Antike haben die Gelehrten der Rhetorik die fünf wichtigsten Schritte zum Erstellen einer Rede zusammengefasst. Das Konzept ist so herausragend, dass es bis heute nicht verändert wurde. Wenn Sie Ihre Reden nach diesem Prinzip verfassen, steht einem kommunikativen Erfolg nichts mehr im Weg.

1. Inventio: Stoffsammlung

Den ersten Schritt nannten die Römer „Inventio", was so viel wie Erfindung heißt. Bei diesem Schritt müssen Sie jedoch gar nichts erfinden, denn hier geht es vor allem darum, dass Sie sich für Ihren Vortrag eine große Bandbreite an Quellen suchen.

Recherchieren Sie im Internet, lesen Sie Bücher zum Thema, schauen Sie Dokumentationen, tun Sie alles, um für Ihr Thema an Informationen zu gelangen und sammeln Sie diese.

Stellen Sie sich bei Ihrer Suche folgende Fragen:

- Welche Argumente sind nötig, um andere von dieser Position zu überzeugen?
- Welche Beweise brauche ich, um diese Argumente zu verstärken?
- Welche Materialien können meine Aussagen bestärken?
- Welche anderen Sichtweisen gibt es zu meiner Position?
- Welche Randthemen gibt es, die ich miteinbeziehen sollte?

In der Stoffsammlungsphase werden Sie auch bald neuen Argumenten begegnen, die Sie zuvor vielleicht noch gar nicht bedacht haben, aber schon bald haben Sie eine grobe Idee zur Gliederung Ihrer Themen. Genau deshalb ist der erste Schritt am wichtigsten, der auf gar keinen Fall vernachlässigt werden sollte, denn ein Vortrag ohne einfallsreichen und gut durchdachten Inhalt ist letztendlich nur eine Ansammlung nett gesagter Worte.

2. Disposito: Gliederung

„Disposito" bedeutet tatsächlich einfach nur „Gliederung" und genau darum geht es in diesem Schritt. All die Informationen, die Sie zusammengetragen haben, werden nun in eine sinnvolle Reihenfolge gebracht. Sehr wichtig ist dabei, auf den psychologischen Wert des Gesagten zu achten (Verweise auf den Recency-Effekt aus Kapitel 3).

Stellen Sie sich außerdem wieder folgende Fragen:

- Mit welchen Gesichtspunkten leite ich den Vortrag ein?
- Welche Informationen nutze ich, um die Ausgangssituation gut zu beschreiben?
- Welche Argumente nehme ich in den Hauptteil und wie baue ich sie aufeinander auf?
- Welche Schlussfolgerung ergibt sich daraus und wie führe ich zu dieser hin?
- Was fordere ich am Ende meiner Rede vom Zuhörer, welche Veränderung möchte ich beim Publikum erreichen?

Seien Sie sich in der Gliederungsphase auch bewusst, dass Sie einige Informationen, die Sie zuvor gesammelt haben, mitunter komplett aus Ihrem Vortrag streichen werden, weil Sie merken, dass es keinen logischen Platz für deren Erwähnung gibt. Auch wenn es schwerfällt: Kürzen Sie die Gliederung, bis sie passt.

3. Elocutio: Ausdrucksweise

Der dritte Schritt, genannt „Elocutio“, bedeutet „Stil“ und ist neben der Stoffsammlung der umfangreichste Teil in diesem Arbeitsprozess. Sie haben Ihre Themen, über die Sie sprechen wollen, und Sie wissen, in welcher Reihenfolge das geschehen soll. Jetzt geht es darum, diese Fakten mit Stilmitteln auszuschmücken. Ein Rhetoriker empfindet hierbei große Freude, denn hier darf man kreativ werden. Es geht darum, wie Sie Ihre Rede ausschmücken, um den Zuhörer zu überzeugen und ihn am Ende auch tatsächlich davon zu begeistern.

Während die alten Griechen von Stilmitteln und Umschreibungen gar nicht genug bekommen konnten, sollten Sie heute etwas vorsichtiger damit umgehen. Ein Text, der zu viele solcher Phrasen enthält, klingt für den modernen Zuhörer schnell künstlich und nicht mehr authentisch. Dennoch sollten Sie natürlich, ganz im Sinn der antiken Rhetoriker, immer auf einen gepflegten und wohlklingenden Satzbau achten.

Einen Überblick aller gängigen Stilmittel erhielten Sie bereits in Kapitel 1.2, doch auch in den folgenden Kapiteln werden Sie noch weitere hilfreiche Tipps zur Ausschmückung und Aufwertung Ihres Vortrags erhalten.

4. Memoria: Einprägen

„Memoria" bedeutet „Erinnerungsvermögen". Genau dieses werden Sie in diesem Schritt einsetzen. Es geht darum, sich die Rede so einzuprägen, dass Sie diese, ohne das Ablesen von längeren Textabschnitten, gut vortragen können.

Auch hier hat sich seit der Antike nicht viel verändert. Eine der beliebtesten Methoden zur Verinnerlichung wurde von Quintilian erarbeitet, welcher 35 - 96 n.Chr. lebte und einer der bedeutsamsten Rhetorik-Lehrer aller Zeiten ist. Seine Methode des Einprägens nennt sich „das Haus".

Sie funktioniert folgendermaßen: Sie verinnerlichen den Grundriss eines Hauses, vielleicht ein Haus, das tatsächlich existiert und das Sie gut kennen; oder eines, das fiktiv ist und dessen Raumeinteilung Sie sich gut vorstellen können. In den einzelnen Räumen platzieren Sie nun Ihre Gliederung und die einzelnen Punkte, über die Sie sprechen möchten. Im Hausflur finden Sie vielleicht Ihre Einleitung, dann geht es weiter in die Küche, dort wartet Ihr erstes Argument auf Sie. Im Wohnzimmer ist der erste Beweis, der Ihr Argument bestärkt.

Auf diese Art und Weise verknüpfen Sie Inhalte mit Bildern, dies hilft sehr, wenn es um die Einprägung einer Reihenfolge geht.

Wichtig ist hier zu betonen, dass es nicht darum geht, den Text komplett auswendig zu lernen.

Eine Rede sollte und muss vor dem finalen Vortrag natürlich oft geübt werden. Aber prägen Sie sich das Geschriebene niemals Wort für Wort ein! Das mag im ersten Moment vielleicht befremdlich klingen, denn man nimmt doch an, dass das Auswendiglernen die beste Möglichkeit ist, eine Rede frei vorzutragen. Doch das ist nicht ganz richtig. Denn wenn Sie sich nur darauf verlassen, dass Sie Ihre Rede komplett im Kopf haben, wird es sehr kritisch, wenn Sie doch einmal, wider aller Erwartungen, einen Texthänger haben und nicht mehr weiterwissen. Es macht Sie unflexibel und hindert Sie an spontanen Änderungen.

Stattdessen geht es bei Quintilians Haus darum, sich die allgemeine Reihenfolge einzuprägen, nicht den gesamten Text. Sie kennen sich so gut mit Ihrem Thema aus, im besten Fall können Sie frei über die einzelnen Punkte sprechen und aus Ihrem Gedächtnis schöpfen, sofern Sie die grobe Reihenfolge wissen.

Wenn Sie dennoch das Gefühl haben, Sie brauchen bei der Verinnerlichung der einzelnen Punkte noch ein wenig Unterstützung, aus Angst davor, etwas zu vergessen, dann empfiehlt sich die Arbeit mit Karteikarten.

Auch hier geht es nicht darum, ganze Abschnitte auf den Karten stehen zu haben. Wichtig ist, dass Sie bestimmte Übergänge oder Schlüsselwörter parat haben, um niemals den roten Faden zu verlieren. Und genau diese Phrasen schreiben Sie sich auf Ihre Karteikarten. Somit müssen Sie sich nie ganz auf Ihre eigene Erinnerung verlassen und haben immer eine Struktur des Themas bei sich.

5. Actio: Vortragen

„Actio" steht für das Handeln, denn jetzt geht es darum, das, was bisher nur auf Papier war, in gesprochene Worte umzuwandeln. Dieser Schritt ist mitunter am wichtigsten, weil es darum geht, Ihren Zuhörer von sich zu überzeugen. Sie haben Ihre Fakten, Argumente und Belege, nun müssen Sie dem Zuhörer auch wirklich zu zeigen, dass Sie voll und ganz hinter Ihrem Thema stehen, weil Sie es für absolut richtig befinden. Aristoteles beschrieb den Vortrag in seinem Buch „Rhetorik", (Seite 8, Zeile 14) folgendermaßen: „Es ist klar, dass derjenige, der die Wirkung seiner Worte durch Gesten, Stimmführung, Kleidung und überhaupt Schauspielerei unterstützt, am ehesten Mitgefühl weckt."

Die Tatsache, dass Aristoteles die Schauspielerei erwähnt, ist interessant. Viele Schauspieler sind zugleich auch gute Redner, denn das freie Reden ist ein wichtiger Teil ihrer Ausbildung. Dennoch sollte das niemals eine Rolle spielen, wenn Sie reden. Nutzen Sie die Techniken der Schauspieler und lernen Sie von ihrer Körpersprache und ihrem Ausdruck, doch versuchen Sie nicht, sich für eine Rede zu verstellen. Bleiben Sie immer authentisch und direkt, denn erst dann hören die Menschen Ihnen gerne zu.

Um sich bewusst zu werden, wie Sie Ihre Rede vortragen wollen, können Sie sich folgende Fragen stellen:

- Welches Gefühl will ich bei den Zuhörern auslösen und wie erreiche ich das?

- Welche Mimik oder Gestik wirkt dabei unterstützend?
- Wann möchte ich Pausen einlegen, bewusst leiser/lauter werden, wann schneller/langsamer sprechen?

Es gibt noch einen letzten und inoffiziellen Punkt, der sich Perfru, das Vollenden, nennt. Hierbei geht es darum, nach einer beendeten Rede den Applaus zu genießen, sich ganz bewusst zu machen, dass man mit seiner Rede etwas Gutes getan hat. Sie haben eine neue Idee geteilt und dürfen jetzt stolz auf sich sein, dass Sie es durchgezogen haben. Gönnen Sie sich diesen Moment ganz bewusst als Lohn für Ihre Mühen.

Das waren die fünf Grundschritte, mit denen Sie garantiert absolut gewinnbringende und überzeugende Reden schreiben werden. Wenn Sie die Qualität Ihrer Vorträge jedoch noch auf den nächsten Level anheben wollen, dann lesen Sie in den nächsten Kapiteln noch ein paar Geheimtipps, die Ihnen die volle Macht der Rhetorik aufzeigen.

2.2 Die Zauberformel für den perfekten Vortrag

Mit dem Schreiben und Konzipieren einer Rede ist die Arbeit eines Rhetorikers noch lange nicht getan, im Gegenteil, sie fängt gerade erst an! Denn jetzt geht es um den eigentlichen Vortrag, es geht darum, das Geschriebene in Gesprochenes umzuwandeln und dies zu nutzen, um Argumente und Meinungen noch zu verstärken und damit den Zuhörer zu überzeugen. Damit Ihnen die perfekte Rede gelingt, folgt hier nun die ultimative „Zauberformel" eines perfekten Vortrages:

Ein fulminanter Einstieg

Der Einstieg ist das wohl wichtigste einer jeden Präsentation, er ist das, was die Aufmerksamkeit des Zuhörers wecken und danach auch behalten soll. Das Schlimmste, was Sie also tun können, ist, mit einem langweiligen Einstieg zu beginnen, denn damit verlieren Sie Ihr Publikum bereits direkt am Anfang. Generische und kraftlose Anfänge wie zum Beispiel „Hallo, ich bin Frank Mustermann und heute erzähle ich Ihnen über Muster. Mein Einstieg sieht so aus: Zuerst rede ich über die Grundlagen, dann über die Entwicklung und dann über..." werden Ihre Zuschauer zu Beginn extrem langweilen. Dadurch werden Sie die Aufmerksamkeit der Masse auf Dauer verlieren.

Wie gelingt also der perfekte Einstieg? Der wohl wichtigste Tipp für Sie ist: Seien Sie empathisch! Versetzen Sie sich in Ihre Zuhörer! Warum sind diese heute hier? Was wollen Sie von Ihnen lernen? Was würden Sie jetzt selbst gerne hören und sehen, wenn Sie an der Stelle des Publikums wären?

Ein guter Einstieg ist daher immer der, mit dem sich der Zuhörer identifizieren kann.

Das kann ein passendes Zitat oder eine kurze Geschichte sein oder etwas, das Ihnen oder einem Ihrer Bekannten im eigenen Leben passiert ist. Ob diese Geschichte nun wirklich stimmt oder ob Sie diese frei erfinden, spielt dabei übrigens keine Rolle. Wichtig ist, dass Sie den Zuhörern sofort sympathisch werden, weil sie sich mit Ihnen identifizieren können.

Wenn Sie Ihre Geschichte einleiten, vermeiden Sie Formulierungen wie „Jeder kennt es! Sie sitzen abends im Garten, wenn plötzlich ...". Sätze wie „Jeder kennt es!" oder „Kennen Sie das auch?", werden in diesem Rahmen leider viel zu häufig verwendet. Und wenn die Situation, die Sie ansprechen, nicht wirklich ein allgemein verbreitetes Problem beschreibt, kann so ein Einstieg auch ganz schnell albern klingen. Lassen Sie solche Füllsätze am besten weg, denn die Geschichte ist auch ohne diese komplett.

Eine weitere gute Möglichkeit, um einen Vortrag spannend einzuleiten, ist die sogenannte rhetorische Frage, die Sie bereits in Kapitel 1.3 kennengelernt haben.

Wichtige Hilfsmittel für maximale Sicherheit

Es ist immer hilfreich, wenn Sie Ihr Thema veranschaulichen, sei es durch Bilder, Grafiken oder Stichworte. Besonders gängig ist der Vortrag mit einem Präsentationsprogramm (z. B. PowerPoint, Prezi, Keynote für iCloud, Google Slides) oder einer Tafel (Whiteboard, Flipchart aus Papier oder einem digitalen Smartboard).

Wenn Sie sich für die Arbeit mit einem Präsentationsprogramm entscheiden, ist der Aufbau Ihrer einzelnen Slides (das sind die Seiten, die Sie gestalten können), besonders wichtig. Füllen Sie Ihre Slides niemals nur mit reinem Text. Der Text lenkt ab von dem, was sie sagen, wenn sich die Zuhörer auf das Lesen konzentrieren. Wenige Stichworte pro Slide reichen aus, um die wichtigsten Ihrer genannten Punkte noch einmal durch die Wiederholung und Visualisierung der Worte zu vertiefen.

Viel besser ist es, wenn Sie Bilder und Grafiken in Ihre Präsentation einbauen, die betrachtet werden können, während man Ihnen zuhört. Gerade Statistiken lassen sich wunderbar durch

Grafiken veranschaulichen und auch komplexe Vorgänge sind so viel einfacher zu verstehen.

Wenn die Arbeit mit einem Präsentationsprogramm nicht zu Ihrem Stil passt, bietet sich ein Flipchart an (vergleichbar mit einem großen Block Papier auf einem Ständer, auf den Sie mit Markern zeichnen können). Das passt besonders gut, wenn Sie gerne selbst visualisieren und Ihre Rede durch selbstgezeichnete Erklärungen unterstreichen. Auch hier können Sie die wichtigsten Stichworte aufschreiben. Beachten Sie jedoch, dass dies viel länger dauert als bei einem Präsentationsprogramm. Während Sie die einzelnen Begriffe aufschreiben, können unter Umständen auch unangenehme Pausen entstehen.

Üben Sie daher die Arbeit zuvor an einem Flipchart, markieren Sie sich auf den Karteikarten, welche Wörter Sie aufschreiben möchten und testen Sie, wie lange das dauert.

Auch bei der Arbeit mit einem Präsentationsprogramm sollte Ihr Vortrag im Vorfeld ausreichend am Laptop geübt werden, um Übergänge und Bilder gut zu verwenden.

Zum Finale: ein Appell

Eine gute Rede lässt den Zuhörer nicht einfach nur bewegt zurück, sondern sollte ihn so sehr berühren, dass er anschließend gewillt und motiviert ist, etwas zu tun - sei es eine Veränderung des eigenen Lebens und der eigenen Gewohnheiten oder ein neues Ziel, das nun verfolgt wird. Die Rede sollte dem Zuhörer etwas Gutes empfehlen, das sein Leben verbessert und zum Positivem wendet. Damit der Zuhörer das auch effektiv umsetzen kann, enthält eine gute Rede immer einen Appell - eine Aufforderung zur Änderung.

Besonders ansprechend können Sie einen Appell in den Schluss einer Rede packen, denn er bildet ein schönes Abschlusswort. Doch auch zuvor, im Einstieg oder während der Rede, können Sie diesen Appell deutlich machen.

Bei einer Rede, in der Sie über den Umweltschutz sprechen, könnte der Appell zum Beispiel ganz einfach lauten „Benutzen Sie weniger Plastik!“. Auch wenn Sie Ihrem Chef und den Kollegen eine Idee, ein neues Konzept oder ein Produkt vorstellen, bietet sich ein Appell an. Dieser könnte so lauten: „Unterstützen Sie diese Idee, denn sie wird Gewinn bringen!“.

Genauso wichtig wie ein starker Einstieg ist demzufolge auch ein eindringlicher Appell am Ende Ihrer Rede, mit dem Sie die Zuschauer noch einmal von sich überzeugen und dann mit einem guten Gefühl entlassen können.

2.3 Die Kunst, das Publikum zu fesseln

Saßen Sie schon einmal in einem Vortrag oder einer Vorlesung, in der Sie bemerkten, dass Ihre Gedanken bereits nach kurzer Zeit abschweifen wollten? Und das, obwohl Sie dem Präsentierenden zu Beginn noch aufmerksam zuhörten und sich auch wirklich für das Thema interessierten? Sie bemerkten also, dass Sie dem Vortrag gar nicht mehr richtig folgten und versuchten, sich wieder bewusst darauf zu konzentrieren.

So etwas passiert den meisten Menschen, wenn sie lange Zeit aufmerksam auf etwas achtgeben müssen. Doch wie können Sie als Redner verhindern, dass es Ihren Zuhörern so ergeht? Das erfahren Sie jetzt.

Emotionalität

Alles wird spannender durch Emotionen. Wir Menschen mögen es, wenn uns etwas berührt – egal auf welche Art und Weise. Sie werden sicher zustimmen: Auch wenn die Nachrichten im Fernsehen wichtig sind, um sich auf dem Laufenden zu halten, mit einem spannenden Actionfilm oder einem tragischen Liebesdrama können diese nicht mithalten. Natürlich möchte unser Gehirn Abwechslung, es will stimuliert werden und am besten funktioniert das über Gefühle.

Sehen Sie Ihre Rede ebenso. Sie wollen nicht einfach nur trockene Fakten in den Raum werfen oder Ihre Zuhörer mit reinen Informationen überschütten, Sie möchten diese unterhalten und dabei gleichzeitig noch von Ihrer Idee überzeugen. Wenn Sie mit Ihrer eigenen und der Emotionalität der Zuhörer arbeiten, dann lässt sich das perfekt miteinander kombinieren. Ihre Emotionalität kommt zum Einsatz, wenn es darum geht, wie Sie Ihre Inhalte vermitteln. Das ist Ihre Idee, Ihre Meinung, etwas, von dem Sie total begeistert sind – zeigen Sie das auch!

Zeigen Sie, wie viel Freude es Ihnen macht darüber zu sprechen, wie motiviert Sie sind, anderen Menschen von Ihrer Idee zu erzählen. Die Zuschauer werden von Ihrem Enthusiasmus sofort angesteckt und der Idee mit positiven Gefühlen entgegenkommen.

Wenn Sie jedoch eine Rede über etwas halten, das Sie als schlecht empfinden, etwas, das verbessert werden muss, dann zeigen Sie auch das! Geben Sie den Zuhörern zu verstehen, dass Sie solche Dinge bewegen und wütend machen – doch achten Sie darauf, nicht die Nerven zu verlieren. Eine Prise Wut und Entrüstung ist gut, um die Aussage zu vermitteln, aber halten Sie sich mit negativen Emotionen in Grenzen, um nicht wie ein Hassprediger zu wirken.

Wortmalerei

Eine weitere Möglichkeit, mit der Sie Vorträge für den Zuhörer angenehm und spannend gestalten können, ist die sogenannte Wortmalerei. Setzen Sie Ihre Fantasie ein, werden Sie kreativ! Beschreiben Sie Vorgänge und Abläufe mit Worten, die für sich sprechen und die Dinge verdeutlichen.

Beispiel:

„Das Herz unseres Unternehmens ist unser Marketing!“ klingt wesentlich spannender und bewegender als „Am wichtigsten für unser Unternehmen ist das Marketing“. Genau hier kommen die Stilmittel zum Einsatz, die Sie in Kapitel 1.3 kennengelernt haben. Nutzen Sie Symbole, Allegorien, Metaphern und andere Stilmittel, um Ihre Sprache mit Bildern zu schmücken. Ihre Zuhörer profitieren ebenfalls von diesen Bildern, weil es ihre Fantasie anregt und die Freude am Zuhören steigert.

Spannung aufbauen

Um die Aufmerksamkeit des Publikums zu erhalten, muss die Spannung aufgebaut werden. Dafür gibt es mehrere Möglichkeiten. Sie können mit einer Behauptung einsteigen, etwas, das kurios oder unmöglich klingt. Somit können Sie jedes Thema als etwas sehr Spannendes verkaufen. Vergleichen Sie zum Beispiel diese beiden Sätze: „Vor jeder Mahlzeit ein Glas Wasser zu trinken hilft uns schneller abzunehmen“ oder „Es gibt einen genialen Trick, mit dem Sie schneller abnehmen können, ich verrate ihn: Trinken Sie vor jeder Mahlzeit ein Glas Wasser!". Obwohl beide Sätze den absolut gleichen Inhalt wiedergeben, klingt der zweite Satz viel spannender, wie ein exklusiver Tipp, nicht einfach nur wie ein Fakt. So etwas hören wir Menschen gerne.

Dasselbe Gefühl wird erzeugt, wenn Sie als Redner erst so tun, als wollten Sie eine Information gar nicht verraten, weil diese so exklusiv ist. „Eigentlich wollte ich heute gar nicht darüber sprechen, aber ich finde, Sie sind so ein tolles Publikum, da erzähle ich Ihnen das auch noch!". Das Publikum fühlt sich geschmeichelt, Sie haben Nähe aufgebaut und die Zuhörer sind auf dieses exklusive Wissen gespannt.

Passen Sie Ihre Sprache an

Die Sprache ist das, wovon jeder Vortrag lebt. Doch es ist möglich, dasselbe Thema auf absolut verschiedenen Sprachebenen zu erklären. Der beste Redner ist der, der in der Lage ist, komplexe Abläufe und Zusammenhänge so verständlich auszudrücken, dass sie ein Kind verstehen würde.

Passen Sie Ihre Sprache daher immer dem Publikum an. Stellen Sie sich die Frage: Wer hört mir zu? Was wollen diese Menschen von mir erfahren?

Die Präsentation vor Kollegen und dem Chef können Sie natürlich mit Fachbegriffen ausschmücken, denn es ist davon auszugehen, dass Ihre Zuhörer in diesem Fall alle denselben Wissensstand zur Thematik haben. Halten Sie jedoch ein Seminar oder ein Gastvortrag vor Studenten oder Schülern, vielleicht sogar recht jungen Kindern oder einem

Publikum, in dem alle Altersklassen vertreten sind, seien Sie sich bewusst, dass eine Fach- oder Expertensprache absolut tabu ist.

Wenn der Zuhörer merkt, dass er einem Redner nicht folgen kann, weil dieser nur Fachbegriffe verwendet, wird er ihm auch nicht folgen wollen.

Fachwörter sollten Sie daher in solchen Fällen nur sehr sparsam einsetzen und diese dann bei der Nennung auch ausführlich erklären.

Verwenden Sie Ihre eigenen Worte

Dieser Punkt baut direkt auf den vorherigen auf, auch wenn er zunächst etwas widersprüchlich klingt. Ja, es ist wichtig, dass Sie Ihre Sprache an den Zuhörer anpassen, mal sehr akademisch, dann wieder einfach erklären können. Wichtig ist dabei aber immer: Egal wie und mit wem Sie reden, es muss vor allem für Sie verständlich sein. Das bedeutet: Wenn Sie über wissenschaftliche Themen reden und eine gehobene Sprache verwenden, dann versuchen Sie nicht krampfhaft besonders schlaue Worte oder Satzgefüge einzubauen. Übernehmen Sie auch nichts von anderen Experten, wenn Sie niemals so reden würden. Versuchen Sie auch nicht, Ihre Sprache zu verjüngen, um besonders „cool“ und „hipp“ auf Kinder oder Jugendliche zu wirken. Sie können Kindern auch in Ihrer Sprache Dinge einfach erklären und trotzdem intelligent erzählen, ohne verworrene Satzbauten.

Kreativer Medieneinsatz

Die klassischen Medien (Bilder, Videos, Texteinblendungen) sind heutzutage bei Präsentationen gebräuchlich und helfen immer bei der Visualisierung. Aber warum an dieser Stelle aufhören? Werden Sie kreativ! Bringen Sie Gegenstände mit, die Sie zur Erklärung einsetzen können. Es gibt drei Grundsätze oder drei Geheimnisse, die Sie während Ihrer Präsentation enthüllen wollen? Warum sollte man so etwas nicht wortwörtlich tun? - Mit drei Boxen auf einem Tisch, aus denen Sie die Gegenstände zum gegebenen Zeitpunkt hervorholen.

Oder vielleicht wollen Sie eine besonders große Zahl bzw. ein Verhältnis darstellen. Dann stellen Sie zum Beispiel die Aussage „einer aus 1000“ bildlich dar - mit einem Glaszylinder, der mit 999 blauen und einer roten Kugel gefüllt ist.

Die Möglichkeiten sind grenzenlos.

Die Zuschauer sind auch immer wieder dankbar, wenn sie etwas sehen, das sie nicht schon etliche Male zuvor gesehen haben. Lassen Sie Ihrer Kreativität freien Lauf, vielleicht sind solche Medien auch bei Ihnen passend einsetzbar.

2.4 Horrorszenario: Was tun, wenn etwas schiefläuft?

Es ist egal, wie gut Ihre Rede geschrieben ist, wie oft Sie das Sprechen vorher geübt haben, wie sorgfältig Sie Ihre Hilfsmittel vorbereitet haben – irgendetwas kann immer schiefgehen.

Vielleicht geht plötzlich das Mikrofon nicht mehr oder Ihr Präsentationsprogramm lässt sich nicht abspielen, Ihnen fällt der Text nicht mehr ein und Sie fangen an zu stottern. Eventuell gibt es auch gemeine Fragen aus dem Publikum oder Störer, die sich viel zu laut unterhalten. Für jeden Redner ist das ein Albtraum.

Wie Sie sich dennoch souverän präsentieren, erfahren Sie jetzt.

Versprecher, Hänger, Blackouts

Sie haben lange den geschriebenen Text geübt, alles sitzt, die Hälfte Ihres Vortrags ist geschafft und dann plötzlich – ein total peinlicher Versprecher. Wie konnte das passieren? Sie haben doch alles so gut geübt? Am liebsten würden Sie im Boden versinken …

Keine Angst, so etwas passiert auch den besten Rednern. Fehler passieren nun mal und es gibt nichts, was Sie daran ändern können. Es ist nichts Dramatisches, sondern einfach nur menschlich, das wissen auch Ihre Zuhörer. Wenn das Publikum über Ihren Patzer lacht - dann lachen Sie mit! Sollte es peinlich still werden - dann brechen Sie die Stille!

Wichtig ist vor allem: Bloß nicht aufhören! Solange Sie auf Ihrer Position stehen, ob hinter einem Rednerpodest auf einer Bühne oder vor einer Tafel im Meetingraum, solange Sie in der Position als Redner sind, dürfen Sie mit Ihrer professionellen Konzentration nicht nachlassen. Egal, wie peinlich oder unangenehm ein Patzer war, lassen Sie es sich – sofern es möglich ist - nicht anmerken.

Sollten bei Ihnen negative Gefühle auftreten, dann versuchen Sie, diese nicht zu unterdrücken, auch sie sind menschlich. Doch lassen Sie niemals zu, dass die negativen Empfindungen Ihren Redefluss oder Ihre Konzentration stören.

Ablenkungen aus dem Publikum

Ein weinendes Kind in einem Festzelt, böse Zwischenrufe in einer Debatte, nervige Zwischenfragen in einem Seminar - auf solche Dinge müssen Sie sich einstellen. Es gibt stets zwei Möglichkeiten, wie Sie mit derartigen Situationen umgehen: ignorieren oder bewusst darauf eingehen. Je nachdem, wo Sie gerade sind, haben beide Methoden ihre Vorteile.

Was es bedeutet, Ablenkungen zu ignorieren, werden Sie sich denken können. Man macht weiter wie gehabt und zieht das Programm durch. Es ist oft extrem schwer, die Konzentration zu halten, wenn das Gehirn merkt, dass etwas Störendes und Unerwartetes vor sich geht. Darum ist es doppelt so wichtig, dass Sie Ihre Rede gut beherrschen. Seien Sie perfekt vorbereitet, kennen Sie Ihren Text und halten Sie sich daran! Nur mit sehr viel Übung und Disziplin können Sie solche Ablenkungen ausblenden.

Einfacher ist es, bewusst auf Beeinträchtigungen einzugehen. In der Regel ist es auch so, dass die Zuhörer genauso genervt sind wie Sie, denn sie sind ja gekommen, um Ihnen zuzuhören. Es wird Ihnen viele Sympathiepunkte einbringen, wenn Sie humorvoll auf eine bestehende Störung hinweisen und dann wie gehabt weitermachen. Das kann die Stimmung im Raum auflockern und nach einem kurzen Gelächter sind alle wieder motivierter, um sich auf den Vortrag zu konzentrieren. Wenn eine Störung für eine gewisse Zeit andauert und Sie dann zu einem Punkt in Ihrer Rede kommen, an dem ein Gedanke zu Ende geführt wird oder Sie zum nächsten Thema übergehen wollen, dann können Sie diese kurze Pause nutzen.

Auf ein weinendes Baby kann man mit *„Oh je, da ist aber heute jemand schlecht drauf!“* reagieren. Böse Zwischenrufe von einzelnen Personen können mit einem sarkastischem *„Brauchen Sie Aufmerksamkeit? Kommen Sie doch zu mir auf die Bühne, und erzählen Sie den Leuten, was Sie zu sagen haben!“* unterbunden werden. Wenn Gelächter folgt, dann blamiert das den Zwischenrufer. Zudem macht es Sie sympathisch, wenn Sie so etwas mit Humor nehmen, es beweist aber auch, dass Sie im Moment „der Boss“ sind.

Bei nervigen Zwischenfragen muss der Hinweis nicht einmal humorvoll sein, hier reicht auch einfach nur: *„Fragen beantworte ich erst am Ende, Danke.“*

Wenn die Technik streikt

Zu Hause läuft die Powerpoint-Präsentation auf dem PC ohne Probleme, 15 Minuten vor Präsentationsbeginn funktioniert plötzlich gar nichts mehr: keine Musik, kein Text und das Mikrofon geht ebenfalls nicht. Das alles kann und wird Ihnen sicher irgendwann einmal passieren. Was also tun? In dem Moment, in dem Sie merken, dass etwas nicht funktioniert und es auch in absehbarer Zeit nicht besser wird, müssen Sie improvisieren. Damit es aber erst gar nicht dazu kommt, gibt es zwei hilfreiche Maßnahmen.

1.) Gehen Sie zuvor Ihre gesamte Präsentation, inklusive der vorhandenen Utensilien, direkt vor Ort durch – sei es im Büro, im Meetingraum oder in einer Halle. Sichern Sie sich doppelt und dreifach ab, dass alles funktioniert. Wenn Sie auf einem großen Event sprechen, dann gibt es meist einen Techniker oder ein ganzes Team von Menschen, die das für Sie erledigen. Kommunizieren Sie klar und deutlich, was Sie sich vorstellen und wie alles ablaufen soll, nur dann kann Ihnen geholfen werden.

2.) Arbeiten Sie bereits zu Hause an einem Plan B - ohne Ihre Technik. Natürlich haben Sie sich sehr viel Zeit genommen, um die Präsentation am PC zu erstellen, von der das Publikum am Ende profitieren soll. Aber Sie sollten stets daran denken, dass ein Plan B ohne Technik vielleicht gebraucht wird. Gehen Sie diesen mindestens einmal vor der eigentlichen Präsentation durch, um später nicht improvisieren zu müssen.

Heikle Fragen

Manchmal gibt es im Publikum Menschen, die den Redner ganz bewusst herausfordern wollen, indem diese eine oder mehrere besonders gemeine, schwere Fragen stellen. Es gibt auch Personen, die ohne böse Gedanken etwas wissen wollen. Doch wie soll man reagieren, wenn man Fragen nicht sofort beantworten kann?

Ein guter Anfang ist grundsätzlich immer, sich für die Frage zu bedanken. „Das ist eine sehr gute Frage. Danke, dass Sie diese stellen!" Das ist einerseits höflich, andererseits gibt es Ihnen noch etwas Zeit zum Nachdenken. Wenn Sie merken, dass Sie keine direkte Antwort parat haben, ist es vollkommen in Ordnung zu sagen „Das ist ein schweres Thema, ich muss erst einen Moment darüber nachdenken!" Falls Ihnen auch dann noch keine Erklärung einfällt, bedanken Sie sich noch einmal für die gestellte Frage und versprechen, dass Sie zum Thema recherchieren werden und die Antworten später gerne per Mail an die Interessierten weitergeben.

Wichtig ist in solchen Situationen ist vor allem, dass Sie nicht den Mut verlieren und sich denken, dass Sie nicht qualifiziert genug sind. Solche Gedanken sind weder wahr, noch sind sie in diesem Moment hilfreich. Bleiben Sie authentisch und gefasst! Lassen Sie sich nicht den Optimismus nehmen!

Sympathisch bleiben

Grundsätzlich gilt: Man wird Ihnen fast alles verzeihen, wenn Sie sich in diesen Situationen dennoch gut gelaunt und souverän präsentieren. Auch wenn Sie innerlich vielleicht gerade die Nerven verlieren, weil nichts so läuft, wie es soll, oder wenn Sie am liebsten laut fluchen würden - lassen Sie sich nichts davon anmerken!

Das ist sicher leichter gesagt als getan, denn in einer solchen Stresssituation kann man schnell vergessen, dass man sich ja nach wie vor selbst präsentiert.

Ein einfacher Tipp ist daher immer: Trauen Sie sich, über sich selbst zu lachen! Das Publikum hat Verständnis für Technikfehler und die Leute wissen, dass jeder mal den Faden verlieren kann. Wenn Sie sich selbst nicht allzu ernst nehmen und über ein Missgeschick lachen können, wird das Publikum es Ihnen danken und Sie mit Verständnis belohnen. Auch wenn die Situation Ihnen danach vielleicht immer noch ein wenig unangenehm oder peinlich sein wird, so haben Sie sich dennoch Ihre Sympathie bewahrt und die Zuschauer sind auf Ihrer Seite geblieben.

Professionelle Rhetorik - Zusammenfassung

In diesem Kapitel haben Sie gelernt, wie Sie eine perfekte Rede schreiben und welche Tipps und Tricks Sie anwenden können, um jede Ihrer Reden auf ein professionelles Level zu heben.

1. Die 5 klassischen Schritte zur perfekten Rede

- Jede Rede beginnt mit der Stoffsammlung (Inventio). Hier recherchieren Sie und finden Argumente.
- Es folgt die Gliederung (Disposito). Sie überlegen sich, welche Fakten Sie verwenden möchten und wie Sie diese sinnvoll gliedern.
- Danach geht es um Ihre Ausdrucksweise (Elcutio). Sie verpacken Ihre Rede so, dass sie für den Zuhörer spannend und interessant wird.
- Durch ein Auswendiglernen (Memoria) werden Sie die Rede so verinnerlichen, dass Sie diese mit wenigen Hilfsmitteln komplett frei vortragen können.
- Zuletzt folgt das eigentliche Vortragen (Actio).

2. Die Zauberformel für den perfekten Vortrag

- Ein interessanter Einstieg ist wichtig, um die Aufmerksamkeit der Zuhörer zu wecken. Das kann eine Geschichte, eine spannende Studie oder ein Zitat sein.

- Holen Sie sich Hilfsmittel, um nicht nur auf sich alleine gestellt zu sein. Üben und präsentieren Sie immer mit Karteikarten. Auch die Nutzung eines Präsentationsprogramms, eines Flipcharts oder einer Tafel ist hilfreich.

- Beenden Sie Ihre Rede immer mit einem Appell. Fordern Sie den Zuhörer dazu auf, etwas zu tun, zu unterlassen oder zu ändern. Das bleibt lange im Gedächtnis.

3. Die Kunst, das Publikum zu fesseln

- Setzen Sie stets auf Emotionalität, sie spricht den Zuhörer besonders an. Das gelingt Ihnen durch Stilmittel und Bilder, die Sie in den Köpfen der Menschen entstehen lassen, oder durch Spannung, die Sie wie ein Geheimnis aufbauen, das Sie später verraten.

- Achten Sie darauf, Ihre Sprache an das Niveau Ihrer Zuhörer anzupassen, nur so macht es Spaß zuzuhören.

- Ein kreativer Medieneinsatz lockert Ihre Präsentation auf und bringt frischen Schwung hinein.

4. Horrorszenario: Was tun, wenn etwas schiefläuft?

- Um Versprechern und Blackouts vorzubeugen helfen eine gute Vorbereitung und Hilfsmittel, auf die Sie sich verlassen können. Kümmern Sie sich bereits eine Stunde oder einen Tag vor Ihrer Präsentation um die Technik. Dadurch können Sie „böse Überraschungen" verhindern.

- Zwischenrufe und Ablenkungen jeglicher Art können Sie entweder ignorieren oder humorvoll kommentieren, damit die Stimmung im Zuhörerraum nicht kippt.

- Schwierige und komplexe Fragen beantworten Sie am besten nach einer Denkpause. Wichtig ist in jedem Fall: Sympathisch bleiben und nicht aus der Ruhe bringen lassen!

3. Rhetorik im Alltag

Im Alltag wird die Rhetorik oft etwas vernachlässigt, denn viele kennen sie nur als reines Mittel für Reden und Vorträge aus der Schulzeit. Doch das ist nur die halbe Wahrheit. Rhetorik bestimmt unser Leben!

Das glauben Sie nicht? Es ist so. Menschen mit einer guten Rhetorik fallen Dinge viel leichter als denen, die schüchtern sind und Angst vor dem Sprechen haben. Ihr gesamtes Auftreten, Ihre Selbstsicherheit, wie andere Sie wahrnehmen, das alles können Sie selbst bestimmen – allein durch Ihre Sprache und Körpersprache.

In den beiden vorherigen Kapiteln haben Sie die Tipps und Tricks gelernt, wie Sie professionelle Reden schreiben und sich gut vor einem Publikum präsentieren.

Doch nun geht es in den Alltag, in Situationen, die Sie bestimmt schon oft erlebt haben. Hier beginnt die Praxis der alltäglichen Rhetorik, mit der sich Ihr Leben verändern wird.

3.1 Streitgespräche meistern

Wie Sie auf dem Papier argumentieren, das wissen Sie bereits. Wie man eine argumentative Rede schreibt, aus welchen Inhalten gute Argumente bestehen und wie man diese gliedert, das wissen Sie ebenfalls.

Aber wie läuft das in einem Wortgefecht ab? Natürlich hat jeder von uns mal Auseinandersetzungen, in denen er eine Meinung vertreten möchte und diese als die Beste präsentiert. Und wie oft passiert es uns, dass wir uns nach einem Streit total ärgern, weil uns noch Dinge einfallen, die wir gerne gesagt hätten, um den anderen zu überzeugen.

Doch auch die Stresssituation an sich, in die uns ein Streit bringt, tut uns keinesfalls gut. Alles, was wir wollen, ist ja, dem anderen unsere Meinung darzulegen. Viel zu schnell enden solche Situationen jedoch mit Beschimpfungen und erhobener Stimme, was wir meistens im Nachhinein auch bereuen.

In diesem Kapitel lernen Sie, wie Sie ruhig und gelassen, aber dennoch bestimmt und mit Dominanz jedes Streitgespräch meistern können.

Der klare Standpunkt

Noch bevor Sie in das Gespräch gehen, machen Sie sich selbst bewusst, wofür Sie in einer bestimmten Situation stehen. Was bejahen Sie? Wogegen sind Sie in jedem Fall? Welcher Kompromiss wäre für Sie noch in Ordnung? Überlegen Sie sich auch, welche positiven Argumente der andere für seinen Standpunkt nennen könnte, und entscheiden Sie bereits im Voraus, ob Sie diesen zustimmen oder nicht. Wenn Sie eine ganz klare eigene Meinung haben, dann kann Sie nichts, was der andere Ihnen entgegensetzt, aus dem Konzept bringen.

Wenn Sie wissen, dass eine Diskussion ansteht, weil Sie zum Beispiel merken, dass Sie und Ihr Partner etwas ansprechen müssen, oder wenn es am Arbeitsplatz eine kritische Situation gibt, dann schreiben Sie sich auch gerne alle Punkte, auf die Sie hinweisen wollen, zuvor auf.

So sind Sie sicher, dass Sie schlüssig argumentieren und nichts von dem vergessen, was Sie ansprechen wollen.

Das richtige Mindset

In sehr vielen Situationen, auch in der Kommunikation, hängt viel mit dem richtigen Mindset zusammen. Mindset ist ein englischer Begriff und steht für eine persönliche Sammlung von Grundüberzeugungen, definiert unsere Denkweise und damit auch unsere inneren Einstellungen und Stimmungen, mit der wir in eine Situation gehen. Wir können optimistisch oder pessimistisch sein, das bestimmt letztendlich, wie sich unsere Laune in verschiedenen Situationen entwickelt.

Ein negatives Mindset ist immer ungeeignet, wenn man erfolgreich kommunizieren möchte. Man könnte in ein Streitgespräch gehen und den anderen als seinen Gegner betrachten, den man nun mit Worten zerstören will. Doch dann gehen beide als Verlierer aus der Situation. In einem Streitgespräch möchte man ja idealerweise erreichen, dass beide Parteien mehr Verständnis für den anderen zeigen.

Versuchen Sie also **nicht**, über die andere Person zu siegen, sondern vielmehr mit ihr gemeinsam zu **gewinnen**. Auch wenn der andere sehr kritisch oder sogar ganz bewusst gemein ist - verlieren Sie in dieser Lage nie Ihr positives Mindset. Ein positives Mindset ist auch Ihnen selbst gegenüber sehr wichtig. Vertrauen Sie sich selbst und vertrauen Sie Ihren Argumenten. Nur so können Sie überzeugend argumentieren.

Mit Beleidigungen umgehen

Manchmal werden Diskussionen besonders unschön, wenn der andere sich dazu entschließt, auf einer sehr persönlichen Ebene zu kritisieren, weit weg von dem, worüber eigentlich diskutiert wird. Wichtig ist hier vor allem: Lassen Sie sich nie auf solche Sticheleien ein! Auch wenn es schwer ist, sich zurückzuhalten und nicht sofort zu kontern, vermeiden Sie es stets, andere zu beleidigen. Damit verlieren Sie die Glaubwürdigkeit innerhalb Ihrer sonst gelungenen Argumentation.

Wenn Sie merken, dass Ihr Gegenüber Sie persönlich angreift, dann versuchen Sie, die Diskussion wieder auf die sachliche Ebene und zum eigentlichen Thema zurückzubringen. Sie können das sogar noch ein wenig humorvoll machen, um dem anderen zu zeigen, dass Sie sich auf persönliche Angriffe nicht einlassen. Beispiel: „Das ist ja sehr nett, dass Sie so etwas bemerken, ich weiß aber nicht, wie das unsere Diskussion weiterbringen soll. Fakt ist doch, dass …“, anschließend kommen Sie wieder auf Ihre Argumente zurück. Das klingt höflich, ist aber dennoch gekontert, kehrt zum Thema der Debatte zurück und ist somit die perfekte Antwort, um Beleidigungen auszuweichen.

Stark durch Körper, Stimme, Blick

Zeigen Sie auch durch Ihre Körpersprache, dass Sie selbstsicher, stark und präsent sind. Sitzen Sie aufrecht, dem Gesprächspartner stets zugewandt. Das verleiht Ihnen Sicherheit und Mut. Halten Sie auch stets den Blickkontakt zum Gegenüber, schauen Sie beim Argumentieren niemals auf den Boden oder zur Seite, das lässt Sie sofort unsicher wirken.

Unterlassen Sie jedoch aggressive oder passiv-aggressive Gesten, wie zum Beispiel das Augenrollen oder das wütende Deuten und Schelten mit dem Zeigefinger (siehe Kapitel 4.2).

Solche Gesten sind, ebenso wie Beleidigungen, komplett fern des Diskussionsthemas und reduzieren das Ganze auf eine persönliche Ebene, auf der der andere angegriffen wird. Das gilt es möglichst zu vermeiden.

Wer schreit, hat verloren

Wer versucht, sein Gegenüber mit einer lauten Stimme zu übertönen, der hat bereits verloren. Nur weil jemand lauter und schneller spricht oder den anderen ständig unterbricht, heißt das nicht, dass diese Person das Streitgespräch gewinnt. Im Gegenteil - mit dem Versuch, den anderen erst gar nicht zu Wort kommen zu lassen, verliert man sämtliche Sympathien. Einige Menschen schreien auch in dem Versuch, den anderen unbewusst einzuschüchtern und somit zum Schweigen zu bringen. Schreien bringt Sie niemals weiter.

Eine ruhige, entspannte Stimme, mit der Sie Ihre Meinung kundtun, ist dagegen umso eindrucksvoller. Natürlich ist es nicht immer einfach, denn sobald man sich in einem echten Streitgespräch befindet, ist oft jede Ruhe vergessen. Aber haben Sie schon einmal erlebt, wie eine Person, die gerade von jemandem angeschrien wird, total ruhig und gelassen bleibt Die angeschriene Person lässt sich nicht aus der Fassung bringen und vermittelt dadurch Autorität und Stärke. In der Ruhe liegt also die Kraft.

Wenn Sie es schaffen, diese Ruhe zu bewahren, dann sind Sie allen überlegen. Auch wenn Sie merken, dass eine andere Person Sie gerade unterbrechen will, dass diese laut über Sie hinwegredet, versuchen Sie nicht, ebenfalls lauter zu werden. Sprechen Sie einfach ganz normal weiter, bis die andere Person damit aufhört. Das macht Sie absolut autoritär.

3.2 Die Erfolgsstrategie, mit der Sie auf andere zugehen

Neue Freunde finden, mit jedem, den man attraktiv findet, einmal flirten, locker mit dem Boss plaudern - es klingt doch fast zu schön, um wahr zu sein.

Doch tatsächlich sind der lockere Umgang und das Zugehen auf andere Menschen für viele ein riesiges Problem. Es hindert sie daran, neue Freunde oder gar einen Partner zu finden. Natürlich gibt es Menschen, die von Natur aus extrovertiert sind und denen so etwas viel leichter fällt. Jedoch müssen auch Introvertierte, denen solche Situationen eher etwas Angst machen, nicht verzagen.

Jeder Mensch kann es lernen, locker ein Gespräch zu beginnen und dieses am Laufen zu halten. Wie das geht, erfahren Sie in diesem Kapitel - mit den ultimativen Strategien für souveränes Auftreten.

Das positive Mindset

Oft scheitert das Zugehen auf andere an einem geringen Selbstvertrauen und Selbstbewusstsein. Manche Menschen machen auf uns einen solch starken Eindruck, dass wir uns daneben ganz klein und unwichtig fühlen. Ob es der Chef ist, der in der Hierarchie eindeutig weit über uns steht, oder ein Mann bzw. eine Frau, die wir unglaublich attraktiv finden. Einige Menschen reden sich dann selbst Dinge ein, wie beispielsweise *„Er ist viel erfolgreicher und intelligenter als ich, für den bin ich nur ein schlechter Scherz …“* oder *„Sie ist so wunderschön, jemand wie ich spielt eher nicht in ihrer Liga …“*

Wichtig in so einer Situation ist immer das richtige Mindset, das heißt, eine positive Einstellung. Zuerst müssen Sie sich darüber im Klaren sein: Ich bin gut so, wie ich bin! Jeder Mensch hat Fehler, doch jeder Mensch ist so, wie er ist. Das gilt für Sie und für Ihr Gegenüber. Auch dieser Mensch hat seine Fehler. Stellen Sie niemanden auf ein zu hohes Podest, himmeln Sie niemanden übertrieben an, denn auch das kann Sie dem anderen gegenüber unsympathisch machen.

Betrachten Sie sich und Ihr Gegenüber immer auf Augenhöhe. Natürlich steht Ihr Chef innerhalb der Firma noch immer über Ihnen, aber Sie als Menschen unterscheidet nichts, denn grundsätzlich gilt: Jeder Mensch wird gerne angesprochen, wir alle freuen uns über Unterhaltung.

Nutzen Sie öffentliche Veranstaltungen, bei denen Spaß und Unterhaltung sowieso an erster Stelle stehen, als ersten Anlauf. Auf einer Firmenfeier ist der Vorgesetzte viel leichter ansprechbar als während des stressigen Arbeitsalltags.

Eine Person, die Sie attraktiv finden, sprechen Sie am besten auf einer Party an, denn dort ist man ja, um neue Menschen zu treffen.

Und selbst wenn das Ansprechen doch nicht so gut läuft, die andere Person beschäftigt ist oder einfach kein Interesse an einem Gespräch zeigt (denn auch das ist ihr gutes Recht), so lassen Sie sich davon nicht entmutigen. Es gibt immer eine zweite Chance und noch so viele andere Menschen, mit denen es sich lohnt, einen Smalltalk zu führen.Ein letzter Hinweis: Sollte die Situation umgekehrt sein und eine Person, die in der „Hierarchie“ unter Ihnen steht, sucht das Gespräch mit Ihnen, dann liegt es in Ihrer Verantwortung, dieser Person ebenso auf Augenhöhe zu begegnen.

Und wenn Sie merken, dass diese Person Sie auf ein Podest erhebt, so weisen Sie dies ganz bewusst ab. Ein Satz wie „Ach, ich bin doch auch nur ein Mensch!“, macht Sie viel sympathischer als sich im Lobgesang der anderen zu suhlen.

Der entscheidende Blickkontakt

Bevor Sie auf eine Person zugehen, um ein Gespräch zu beginnen, scannen Sie einmal den Raum. In welcher Situation befindet sich die Person, die Sie gerne ansprechen würden? Ist sie allein oder unterhält sie sich mit anderen? Sieht sie beschäftigt oder gelangweilt aus? Werden Sie sich diesen Umständen bewusst, andernfalls platzen Sie vielleicht in eine stressige Situation oder in ein gerade laufendes Gespräch. Das würde den ersten Eindruck erheblich verschlechtern.

Ein guter Trick ist der bewusste Blickkontakt. Wenn Sie die Situation analysieren und die Person den Blickkontakt erwidert, dann ist es ein guter Moment, um auf sie zuzugehen. Wenn diese zu beschäftigt ist, um Sie zu bemerken oder klar signalisiert, dass sie jetzt nicht angesprochen werden möchte, dann warten Sie auf einen besseren Zeitpunkt.

Der Eisbrecher

Die Fragen aller Fragen in solchen Situationen lautet immer: „Aber womit soll ich denn das Gespräch beginnen?“

Dafür gibt es einige ganz klassische Eisbrecher. Viele davon sind jedoch schon so klassisch, dass sie keiner mehr hören kann. *„Sind Sie öfter hier?“* oder *„Sag mal, kennen wir uns nicht?“*, sind inzwischen so überholt, dass sie niemand mehr hören kann und will.

Eine neutrale, höfliche Anrede, gerade bei Menschen, die Sie kennenlernen wollen, wäre zum Beispiel: *„Ich glaube, wir wurden einander noch nicht vorgestellt. Hallo, ich bin …“* Das ist nett, direkt und vermittelt ein ernstes Interesse an der anderen Person. Mit dieser Anrede sind Sie eigentlich immer auf der sicheren Seite, sie kann mitunter aber auch recht langweilig wirken.

Gute Eisbrecher sind die, die im Gegenüber sofort positive Gefühle wecken. Arbeiten Sie also mit Emotionen, um von Beginn an eine positive Atmosphäre zu schaffen.

Der perfekte Eisbrecher dafür ist einfach mal ein Kompliment. Dabei ist es ganz egal, was Sie anmerken - sei es eine Frisur, ein gutes Outfit, eine Fähigkeit des anderen (*„Ich habe Sie vorhin auf der Bühne reden hören, das war grandios!“*) oder eine Gemeinsamkeit, die Sie haben (*„Sie haben einen super Musikgeschmack, ich höre auch …“*). Die Person fühlt sich nach einem Kompliment immer geschmeichelt und ist dann viel offener für ein Gespräch.

Übrigens: Die Tatsache, dass Sie auf andere zugehen, ist immer ein Vorteil für Sie, denn diese Handlung selbst ist in sich ein Kompliment. Andere Menschen freuen sich darüber, dass sie als interessant und „ansprechenswert“ gesehen werden. Sie erscheinen offen, selbstbewusst und können damit nur punkten.

Was tun, wenn die peinliche Stille einsetzt

Wir alle kennen diese unangenehme Situation: Wir unterhalten uns mit einem neuen Freund, dem Chef, einem Kollegen, vielleicht sind wir sogar bei einem Date. Alles läuft gut. Doch dann nähert sich das aktuelle Gesprächsthema dem Ende und da ist sie: diese peinliche Stille.

Bestimmt hatten auch Sie schon einmal solch eine Situation und wissen, wie unerträglich sich so etwas anfühlen kann. Dementsprechend verstehen Sie, wie hilfreich es ist, dieses Stillschweigen zu vermeiden, um Ihnen und Ihrem Gegenüber eine angenehme Konversation zu bereiten. Mit den folgenden Tipps klappt es garantiert.

Grundsätzlich gilt: Jeder Mensch erzählt gerne von sich selbst und von den Dingen, die ihn begeistern. Wenn Sie also bemerken, dass eine unangenehme Stille aufkommt, überlegen Sie nicht fieberhaft, was Sie jetzt noch von sich erzählen können, um das Gespräch wieder anzukurbeln. Stattdessen: Fragen Sie etwas! Verabschieden Sie sich von der Ego-Perspektive und richten Sie Ihren Blick auf das Gegenüber.

Sehr geeignet ist das Wörtchen „Inwiefern?". Dieses Fragewort passt auf fast alles, was Ihr Gegenüber zuletzt gesagt haben könnte.

Wenn die Person eine Meinung geteilt hat, sich über etwas beschwert, über etwas glücklich ist und ähnliche Dinge - das Wörtchen „Inwiefern" fordert immer dazu auf, einfach noch ein bisschen mehr zu erzählen.

Sie können aber auch mit einem ganz neuen Thema beginnen. Es gibt drei Themen, über die jeder Mensch etwas berichten kann: Familie, Karriere, Hobbys.

Fragen wie *„Hast du eigentlich Geschwister?"* - *„Seit wann bist du eigentlich schon in deinem Beruf tätig?"* - *„Was ist denn dein Lieblingsfilm/-buch?"* kurbeln ein Gespräch mit einer hohen Erfolgsrate wieder an. Zudem sind diese drei Themen auch allgemein immer für einen perfekten Smalltalk geeignet, wenn Sie jemanden besser kennenlernen wollen. Einerseits erzählt jeder gerne etwas über das, was ihn interessiert und ausmacht, andererseits vermitteln Sie damit Ihr Interesse am Gegenüber, was ebenfalls schmeichelhaft ist. Wenn die Person dann erst einmal angefangen hat über etwas zu reden, können Sie das Gespräch einfach mit passenden W-Fragen weiterführen. Beispiele: „Warum ist das dein liebstes Hobby? - Wann hast du damit angefangen? - Wer macht das mit dir? - Wo machst du das?“ und so weiter. Außerdem sind mit solchen Fragen immer auch Gegenfragen verknüpft. Wenn Ihr Gegenüber ausführlich vom Lieblingsbuch erzählt hat, wird bestimmt die Frage „Und welches ist deins?“ an Sie zurückkommen. Schon läuft das Gespräch wieder ...

Eine letzte, ebenfalls wichtige Anmerkung:

Stille ist nicht automatisch schlecht. Es gibt Menschen, neben denen wir stundenlang schweigen können, ohne dass es unangenehm oder peinlich wird. Meistens sind das die Menschen, die wir schon sehr lange kennen, unsere Familie oder enge Freunde. Das heißt, Sie müssen nicht immer ein Gespräch erzwingen. Manchmal spüren Sie, auch bei neuen Freundschaften oder bei einem Date, dass die vorherrschende Stille kein Anzeichen von Peinlichkeit ist, sondern eine gewisse Vertrautheit in sich birgt. Diese Stille können Sie dann auch erst einmal genießen.

Zum Schluss ist es noch bedeutsam zu erwähnen, dass sich Ihre Annäherungsweise an den jeweiligen Menschen anpassen sollte. Achten Sie darauf, ob die Person eher introvertiert oder extrovertiert ist. Mit extrovertierten Menschen können Sie für gewöhnlich direkt Witze machen, ihnen von Anfang an auch etwas näher kommen und sich auf ein langes, offenes Gespräch einstellen.

Seien Sie jedoch bei introvertierten Menschen etwas rücksichtsvoller. Diese brauchen etwas Zeit, bevor sie mit einer Person „warm werden“. Nutzen Sie hier zuerst einmal den Smalltalk, um sich nur vorzustellen, und verschieben Sie ein längeres Gespräch eher auf ein nächstes Mal.

3.3 Charisma-Wunder: Selbstbewusst durch Sprache

Es gibt zwei Arten von Menschen: Die, die stets unscheinbar und still beobachten und die, die selbstbewusst im Mittelpunkt stehen und die großen Entscheidungen treffen. Letztere sind Menschen mit besonders ausgeprägtem Selbstbewusstsein und Charisma, die beliebt sind und geschätzt werden und sowohl beruflichen als auch privaten Erfolg haben. Wer charismatisch ist, der hat eine solch positive Ausstrahlung, dass sich alle Menschen um diese Person herum wohl fühlen. Im Berufs- und Privatleben öffnet das ganz neue Wege.

Charismatische Menschen sind beruflich erfolgreicher und finden leicht Freunde sowie einen Partner.

Was wäre, wenn ich Ihnen sage, dass alles allein von der Sprache abhängt?

Viele unterschätzen die Wirkung der Sprache. Doch Sie haben es in der Hand und können Ihr Charisma steigern. Bei vielen Menschen ist diese besondere Ausstrahlungskraft eine angeborene Gabe. Doch das bedeutet nicht, dass es unmöglich ist, das eigene Charisma zu verbessern und zu stärken. Alles, was Sie dazu brauchen, sind eine paar einfache, aber machtvolle Tricks, die Ihnen und allen Menschen in Ihrer Nähe ein gutes Gefühl geben. Mit diesen Tipps werden Sie Ihr Ziel - ein selbstbewusstes, charismatisches Auftreten - erreichen.

Laut sprechen

Ich nehme an, Sie werden sich zunächst einmal wundern, warum das laute Sprechen unbedingt Ihr Charisma steigern soll. Ist das nicht unhöflich oder sogar störend? Keine Sorge, hierbei geht es nicht darum, einfach nur lauter zu sein als alle anderen, denn das hat noch nie jemanden beliebter gemacht.

Sie sollen nicht über andere hinweg schreien, aber versuchen Sie einmal ganz bewusst, Ihre Lautstärke nur um 5 % zu erhöhen. Machen Sie sich selbstbewusste Gedanken und seien Sie sich sicher „Was ich sage ist gut! Was ich sage, interessiert andere!" Dann sprechen Sie in einer Lautstärke, die diese positive Einstellung unterstützt.

Vergessen Sie Schüchtern- und Bescheidenheit, sondern zeigen Sie, was in Ihnen steckt. Die Menschen in Ihrem Umfeld werden es Ihnen danken. Denn auf andere wirken Sie dadurch sofort selbstsicherer, autoritärer und stärker und alle in Ihrem Umfeld können von Ihrer positiven Ausstrahlung profitieren.

Geben Sie Komplimente

Anderen Komplimente zu machen ist ein einfacher, doch extrem effektiver Tipp für Ihr Selbstbewusstsein. Wir Menschen mögen es einfach, Komplimente zu bekommen, und die Menschen, die uns die Komplimente geben, assoziieren wir sofort mit einem guten Gefühl.

Nehmen Sie sich einmal bewusst vor, mindestens einmal pro Tag einer anderen Person ein Kompliment zu machen. Erst dann werden Sie bemerken, wie selten das die meisten Leute tun. Doch Sie werden ebenso merken, wie einfach es ist und wie schnell Sie positive Resultate erzielen. Ihre Beliebtheit wird sich steigern und andere werden Sie viel öfter als positiven und offenen Menschen beschreiben.

Wichtig ist dabei gar nicht unbedingt, was Sie genau bewundern - ein schönes Kleid, eine neue Frisur, ein toller Anzug, eine bestimmte Fähigkeit oder eine interessante Angewohnheit. Wichtig ist nur, dass Sie es ernst meinen, denn halbherzige Komplimente hört niemand gerne.

Letztendlich geht es nämlich hier ebenfalls darum, nicht nur sich selbst, sondern auch die Menschen um Sie herum in eine positive Laune zu versetzen. Und nicht nur das. Wenn andere Menschen sehen, dass Sie ganz offen über die Stärken eines anderen sprechen können, so lässt Sie das erst recht selbstbewusst wirken. Sie stehen somit zu Ihren eigenen Stärken, wissen, was Sie können und empfinden keinen Neid oder Missgunst. Die Menschen schätzen Sie dafür und es macht ihnen Freude, mit Ihnen zu kommunizieren. Das verbessert nicht nur Ihre Lebenssituation, sondern auch die der anderen Menschen.

Mächtige Wörter

Es gibt bestimmte Wörter, die wie eine Zauberformel auf uns einwirken. Obwohl es eigentlich ganz alltägliche Wörter sind, wissen das nur sehr wenige Personen.

Wenn Sie die drei folgenden Wörter öfter in Ihre Sprache aufnehmen, werden Sie schon bald merken, wie positiv sich Ihre Kommunikation entwickelt.

---

1. Das erste Wort ist das kurze Wörtchen „wir".

Viel zu oft heißt es „Du, du, du!" oder „Ich, ich, ich!" Das distanziert. Gerade am Arbeitsplatz und innerhalb einer Familie ist das Wir-Gefühl extrem wichtig. Erst wenn Menschen das Gefühl haben, dass sie nicht alleine gelassen werden, entsteht Vertrauen. Achten Sie also einmal bewusst darauf, wie Sie mit Kollegen oder Freunden sprechen. Aus einem „Das bekommst du schon hin!“ wird „Das bekommen wir schon hin!“ Sie sehen, allein die psychologische Wirkung des Wortes „wir“ ist einzigartig. Menschen fangen an, Sie als Führungspersönlichkeit wahrzunehmen, fühlen sich ernstgenommen und vertrauen Ihnen.

2. Die nächsten Worte lauten „Ich verstehe dich.“

Wir Menschen haben ein tiefes Bedürfnis von anderen verstanden werden. Die Bestätigung, dass wir tatsächlich verstanden werden, fühlt sich einfach gut an. Und wenn wir das dann auch noch in Worten ausgedrückt hören, ist es wie Honig für unsere Seele. Am ehesten verwenden wir diese Worte im Alltag, wenn uns jemand von seinen Problemen erzählt, wenn jemand sagt, dass ihm schlecht geht. Dann antworten wir manchmal mit „Ich verstehe dich.“ Doch hier hört es nicht auf. Es gibt noch viel mehr Situationen, in denen wir diese Worte einsetzen sollten.

Wenn wir uns zum Beispiel in einem Streitgespräch befinden und an unserer Meinung festhalten, können wir doch trotzdem oft nachvollziehen, aus welcher Sicht der andere argumentiert. Versuchen Sie das nächste Mal in einem Streit Ihr Gegenüber nicht mit Ihren Worten zu diskreditieren, sondern sagen Sie ein ernst gemeintes „Ich verstehe dich.“ Ihr Gegenüber wird danach bereit sein, Ihre Meinung ernst zu nehmen und zu überdenken. So diskutieren Sie diplomatisch.

Die Worte „Ich verstehe dich.“ sind in sehr vielen Situationen auch eine Möglichkeit, um jemanden zu ermutigen. Ein Kollege hat ein Problem, das er einfach nicht lösen kann und bittet Sie um Hilfe, da Sie auf diesem Gebiet ein Experte sind. Mit einem „Ich verstehe Sie“ erklären Sie ihm, dass das Problem für jemanden, der sich nicht so gut in der Materie auskennt, nichts Außergewöhnliches ist. Wenn Sie sich mit jemandem unterhalten, der Deutsch als Fremdsprache erlernt und nur gebrochen mit Ihnen kommunizieren kann - ein „Ich verstehe Sie." ist eine Ermutigung und ein Kompliment an jeden, der eine neue Sprache lernt.

3. Das letzte Wort, das auch eine enorme Wirkung zeigt, ist das Wort „Danke".

Sie werden jetzt vielleicht denken „Bitte und Danke zu sagen lernen wir bereits im frühen Kindesalter und man sollte es aus Höflichkeit immer sagen". Aber darum geht es in diesem Fall gar nicht. Natürlich sollte man sich immer höflich bedanken, wenn eine andere Person nett und zuvorkommend handelt. Doch Sie sollten damit anfangen, sich für Dinge zu bedanken, die vielleicht nicht jeder im Alltag hört. Beispiele: „Danke, dass du immer Zeit für mich hast" - „Danke, dass ich dir vertrauen kann" - „Danke, dass du mir so oft hilfst" - „Danke, dass ich immer so viel Spaß mit dir habe". Solche Dinge hören wir im alltäglichen Leben nur sehr selten, obwohl sie uns doch so sehr schmeicheln und unsere Laune verbessern können.

Bedanken Sie sich auch öfter mal bei Ihrer Familie, bei Ihrem Partner, bei Ihren Kollegen, bei allen, von denen Sie denken, dass sie das öfter hören müssten. Damit steigern Sie Ihr Charisma und machen die Menschen glücklich, die Ihnen wichtig sind.

Das Charisma-Geheimnis

Zuletzt erfahren Sie noch das große Charisma-Geheimnis: Versuchen Sie nicht, gut anzukommen. Das klingt im ersten Moment sehr kontraproduktiv und Sie werden sich darüber wundern. Aber: Charismatische Menschen ignorieren das, was andere über sie denken. Menschen, die Sie nicht leiden können, an deren Meinung können Sie sowieso nichts ändern.

Versuchen Sie deshalb in einem Gespräch nicht um jeden Preis besonders schlau, lustig, interessant oder cool zu wirken. Hoffen Sie nicht verzweifelt darauf, dass der andere Sie mag. Spielen Sie keinen hohen Status vor. Wer wirklich charismatisch ist, der muss nichts beweisen.

Achten Sie stattdessen darauf, den anderen Menschen um Sie herum ein gutes Gefühl zu geben. Hier spielen auch all die anderen Tipps eine Rolle, die in diesem Kapitel gegeben wurden. Geben Sie Komplimente, bedanken Sie sich, vermitteln Sie den anderen, wie gern Sie diese haben.

Seien Sie zufrieden, weil Sie Ihr Bestes getan haben, um anderen Menschen eine gute Zeit zu bereiten, nicht, weil andere Sie jetzt mögen. Beliebtheit sollte nie das Hauptziel in der Kommunikation sein, sondern die Freude der anderen. Das wiederum macht Sie beliebt.

Sie sehen: Profitieren können Sie dann, wenn Sie das Wohlergehen anderer an erste Stelle setzen.

3.4 Die 5 Geheimtipps für die Durchsetzungsfähigkeit

Sei es im Berufsalltag unter Kollegen oder privat unter Freunden: Durchsetzungsfähigkeit ist eine Eigenschaft, die Entschlossenheit und Nachdrücklichkeit signalisiert. Sie kann uns in den verschiedensten Situationen weiterbringen. Wer kennt es nicht? Sie haben eine gute Idee oder einen interessanten Gedanken und möchten diesen unbedingt mit der Gruppe teilen, aber alle reden durcheinander und Sie gehen einfach im Gespräch unter. Sie trauen sich gar nicht, etwas lauter zu werden, weil Sie glauben, dass Ihnen sowieso niemand zuhören wird.

Oder Sie unterhalten sich mit Ihrem Partner und besprechen, wohin der nächste Familienurlaub gehen soll. Sie wollen endlich Sonne, Strand und Meer, doch Ihr Partner findet, ein Wanderurlaub in Skandinavien sei die bessere Wahl.

Sie geben klein bei, aus Angst, dass das Aussprechen Ihrer Idee zu einem Streitgespräch führen könnte, was Sie jedoch vermeiden wollen. In beiden Situationen ist Durchsetzungsfähigkeit von besonderer Bedeutung, deshalb bekommen Sie 5 Geheimtipps, mit denen Sie diese verbessern können.

1. Was wollen Sie sagen?

Noch bevor es um das eigentliche Durchsetzen geht ist es wichtig, dass Sie wissen, was Sie überhaupt sagen möchten. Stellen Sie sich die folgenden Fragen: **Mit wem rede ich? Wie genau weiß ich über das Thema Bescheid? Wie trägt das, was ich sagen möchte, zur Konversation bei?**

Diese Fragen sind entscheidend, denn diese steigern Ihre Sicherheit in der Diskussion. Es ist unumgänglich, dass Sie genau wissen, was Sie sagen. Jemand, der schwache Argumente bringt und selbst kein Vertrauen hat in das, was er sagt, dem hört man nicht gerne zu. Wenn Sie allerdings überzeugt und sicher hinter Ihren Argumenten und Ideen stehen, werden das Ihre Freunde und Kollegen merken und Ihnen aufmerksam zuhören wollen.

Das ist auf alle Bereiche des Lebens und der Kommunikation zutreffend. Im Beruf wird von Ihnen Fachwissen verlangt, doch auch in einem privaten Gespräch müssen Sie ganz genau wissen, was Sie wollen und warum Sie es wollen.

2. Auf den Konjunktiv verzichten

Es gibt Worte, mit denen wir oft versuchen, den Druck aus sozialen Situationen zu nehmen, um unserem Gesprächspartner nicht zu hart entgegenzukommen. In bestimmten Situationen nimmt uns das aber Autorität und Durchsetzungsvermögen.

„Wir könnten ja vielleicht nach Italien fahren."

Könnten – würden – sollten – hätten – wären - vielleicht – eventuell etc. – Den Konjunktiv verwenden wir für Situationen, die nicht real, sondern nur möglich sind, z. B. wenn wir uns etwas wünschen oder vorstellen.

Solche Worte sind nicht von Grund auf schlecht. Es gibt durchaus Situationen, in denen es völlig angebracht ist, den Konjunktiv zu verwenden, da dieser oft höflicher und weicher klingt.

Um jedoch Ihr Durchsetzungsvermögen zu verbessern, sollten Sie ihn in den richtigen Momenten komplett aus Ihrem Wortschatz verbannen.

Wenn Sie auf den Konjunktiv verzichten, so werden Sie sofort mehr Gehör finden und Ihre Position festigen.

Aus „Wir könnten ja vielleicht nach Italien fahren." wird dann „Wir fahren nach Italien." Der letzte Satz verwendet klare Worte und beschreibt eine eindeutige Aufforderung, Ihre Absichten sind sofort zu verstehen und man wird merken, wie wichtig Ihnen Ihre Idee ist.

3. Betonen Sie bewusst

Sie kennen sicher die Regel, dass man am Ende einer Frage mit der Stimme nach oben geht. Bei einer Aussage oder Aufforderung, das heißt, wenn der Satz mit einem Punkt oder Ausrufezeichen endet, wird die Stimme gesenkt. Es gibt jedoch Menschen, bei denen diese Betonungen verschwimmen, gerade dann, wenn sie nervös sind.

Wenn Sie nun eine Idee oder einen Vorschlag präsentieren und in der Betonung nicht „auf den Punkt sprechen" bzw. Ihre Aussagen mit der Stimme nicht richtig betonen, dann klingt es so, als wären Sie sich bei Ihrer eigenen Aussage nicht sicher. Die Zuhörer beginnen schnell an Ihrer Idee zu zweifeln. Auch wenn Sie innerlich von Ihren Argumenten überzeugt sind, das alles spielt keine Rolle mehr, wenn Sie diese nicht auch genauso überzeugt vermitteln.

Übung mit dem Satz: „Ich stehe hinter meiner Idee."

Betonen Sie diesen Satz einmal so, indem Sie ihn als Aussage formulieren und anschließend als Frage. Hören Sie den Unterschied? Stellen Sie sich vor, welche Auswirkung das auf Ihre Zuhörer hat!

---

4. Was passiert, wenn Sie schweigen?

Der nächste Tipp ist ein psychologischer Trick, mit dem Sie Ihr Gehirn hin zur Durchsetzungsfähigkeit konditionieren können. In einer Situation, in der Sie schweigen, obwohl Sie eine gute Idee haben, stellen Sie sich einmal die Frage „Was passiert, wenn ich weiter nichts sage? Welchen Verlust erleide ich?"

Der offensichtliche Verlust ist zunächst: Ihre gute Idee wird von niemandem gehört und vielleicht gewinnt deshalb eine andere Idee, eine andere Meinung, ein anderer Plan - etwas, das eigentlich schlechter ist als Ihre Idee. Doch damit müssen Sie nun leben, denn Sie haben ja nichts gesagt.

Und auch wenn Ihre Idee, objektiv betrachtet, vielleicht gar nicht die Beste ist, so werden Sie das nie erfahren, wenn Sie diese niemandem mitteilen.

Wenn Sie einen Wunsch oder eine Idee geheim halten, nur um einer Konfrontation oder einem eventuell folgenden Streitgespräch aus dem Weg zu gehen, so müssen Sie sich darüber im Klaren sein, was Sie wirklich aufgeben. Wenn Sie Ihre eigenen Wünsche zu oft zurückhalten, nur deswegen, um anderen Menschen zu gefallen, werden Sie auf Dauer nicht glücklich sein.

Oft sind Dinge, die Sie aufgeben, viel mehr als nur eine Idee, sondern innige Wünsche und eventuell sogar Ihr eigenes Glück, das Sie für sich behalten.

Auch hier sei gesagt: Nur, weil Sie es wagen, einen Wunsch auszusprechen, muss das nicht heißen, dass er auch wirklich in Erfüllung geht. Vielleicht fahren Sie in diesem Jahr doch nach Skandinavien, weil auch Ihr Partner gute Argumente für seinen Reisewunsch geäußert hat. Doch vielleicht gehen Sie beide einen Kompromiss ein und fahren im nächsten Jahr nach Italien. Das hätten Sie nicht erreicht, wenn Sie nicht gesprochen hätten.

Sie sehen: Es gibt keinen Grund zu schweigen. Sich durchzusetzen oder etwas auszusprechen hat sehr viele Vorteile.

5. Ihr Körper spricht für Sie

Wenn Sie mit hängenden Schultern in einem Stuhl sitzend einen Vorschlag machen und dazu auch noch den Blickkontakt zu Ihrem Gesprächspartner meiden, dann können Sie die besten Argumente haben, eine gute Betonung und klug gewählte Worte, das alles hilft Ihnen nicht weiter, wenn Ihr Körper falsche Signale sendet. Seien Sie sich immer bewusst, dass auch die Körpersprache zu Ihrem Durchsetzungsvermögen beiträgt. Sitzen oder stehen Sie immer aufrecht, halten Sie den Blickkontakt zur Gruppe bzw. zu Ihrem Gesprächspartner, bleiben Sie in einer offenen, aber dennoch starken Haltung. Wer seine Arme verschränkt, wirkt oft unzugänglich, wer die Hände hinter dem Rücken versteckt, wirkt zurückhaltend. Finden Sie eine Position, die für Sie angenehm ist und trotzdem den anderen signalisiert: Ich interessiere mich für dieses Gespräch und möchte mit meiner Idee etwas dazu beitragen. Ihr Gegenüber wird dies erkennen und Ihren Vorschlag gleich viel ernster nehmen.

3.5 Unwiderstehlich attraktiv - durch Rhetorik

Sie wissen inzwischen, wie Sie gut auf andere zugehen und diese ansprechen können, wie Sie Smalltalk führen und ein Gespräch am Laufen halten. Aber wie sieht es mit dem Flirten aus? Wie bekundet man aktiv Interesse am anderen? Durch Worte und Körpersprache?

Das erfahren Sie in diesem Kapitel. Des Weiteren lernen Sie, welche Körpersprache man einsetzt, um besonders attraktiv zu wirken, welche Art von Nähe sofort Anziehung entstehen lässt und einige weitere Geheimtipps, die Sie entweder zu einem richtigen Charmeur oder einer richtigen Verführerin machen.

Die interessante Persönlichkeit

Studien haben es längst bewiesen: Lustige Menschen nehmen wir als viel sozialer und attraktiver wahr. Jemand, der eine gute Portion Humor hat und sich selbst nicht zu ernst nimmt, finden wir Menschen immer sympathisch. Aber Achtung! Geschmacklose Witze, schwarzer Humor und Witze auf Kosten von Minderheiten kommen nur selten gut an. Auch wenn einige Leute das tatsächlich immer noch glauben, aber schwarzer Humor macht nicht interessant und ist auch keine begehrenswerte Eigenschaft, im Gegenteil, Menschen finden es eher unattraktiv und seltsam.

Der Humor, der immer gut ankommt, ist eine klare Situations- oder Beobachtungskomik, Witze, mit denen man sich selbst verspottet und Witze, die niemandem schaden. Humor hat auf andere Menschen eine extreme Anziehungskraft, macht sympathisch und interessant. Lachen ist gesund und verbindet.

Eine kleine Übung:

Schreiben Sie ein paar Listen mit Interessen. Beispiele: Wie heißt Ihre Lieblings-Serie? Welches ist Ihr Lieblings-Buch? Wohin wollten Sie schon immer einmal reisen? Wo waren Sie bereits? Was war der beste Moment Ihres Lebens? Welche Hobbys haben Sie?

Fügen Sie gerne noch weitere Dinge hinzu, die Sie als interessant ansehen! Wenn Sie all das erst einmal vor sich auf dem Papier sehen, dann werden Sie erkennen, wie viele interessante Details Sie ausmachen, über die man gut reden kann. Erzählen Sie also auch freudig davon und zeigen Sie den Menschen, wie sehr Sie sich dafür begeistern. Solch eine Begeisterung ist ansteckend und andere Menschen reagieren darauf.

Kleider machen Leute

Es gibt Dinge, die können wir an unserem Aussehen nicht beeinflussen. Natürlich gibt es Menschen, die von Natur aus einen attraktiven Körperbau, schöne Gesichtszüge etc. haben, während sich andere hingegen für eine zu große Nase, eine zu breite Statur oder für den überschüssigen Speck an ihren Hüften schämen.

Doch lassen Sie sich niemals von solchen Gedanken herunterziehen. Erkennen Sie die Tatsache an, dass es immer Menschen geben wird, denen Attraktivität durch gute Genetik gegeben wurde. erkennen Sie aber auch, dass Sie gut sind, so wie Sie sind. Es gibt nichts, was Sie an Ihrer Genetik ändern können, also verschwenden Sie keinen weiteren Gedanken daran und fokussieren Sie sich stattdessen auf die Dinge, die Sie beeinflussen können.

Denn die äußere Attraktivität wird neben einem schönen Gesicht und einer anmutigen Körperstatur noch durch viele weitere Punkte beeinflusst.

So trägt beispielsweise unsere Mode extrem dazu bei, wie andere Leute uns wahrnehmen. Es gibt wohl kaum einen Mann, der durch einen maßgeschneiderten Anzug nicht plötzlich viel attraktiver erscheint. Befassen Sie sich also mit Ihrem Körpertyp: Was steht mir? Welche Farben passen zu meinem Hauttyp? Welche Frisur und welche Haarfarbe ist ideal für meine Gesichtsform? Mit solchen Änderungen werden Sie automatisch attraktiver, ohne direkt etwas an Ihrem Gesicht oder Ihrem Körper zu verändern.

Entscheidend dafür, ob wir einen anderen Menschen attraktiv finden, ist unter anderem auch ein gepflegtes Äußeres. Achten Sie stets auf gepflegte Hände, Haare und Haut. Frauen sind hierbei meist weit im Voraus, da die allgemeine Körperpflege nach wie vor als etwas Feminines abgeschrieben wird. Aber das ist fern von der Realität. Eine angenehme Maske zum Entspannen der Haut, eine Maniküre, um die Nägel sauber und in Form zu halten, Feuchtigkeitscremes und Haarkuren sind echte Unisex-Artikel. Jeder moderne Mann und jede moderne Frau sollten diese Dinge beherzigen. Das gepflegte Auftreten macht uns automatisch ansehnlicher und begehrenswerter.

Wer gepflegt und gut gekleidet alle bereits genannten Tipps anwendet, der wird den Erfolg und die positiven Reaktionen schon bald selbst spüren.

Vertrauen aufbauen: Zeigen Sie Ihre Hände!

Auch wenn das zunächst sehr seltsam klingt, aber das Zeigen der Handinnenflächen baut Vertrauen auf. Das stammt noch aus einer Zeit, in der man dem anderen nicht trauen konnte, wenn man seine Hände nicht gut sehen konnte. Vielleicht hielt der andere ein Messer in der Hand? Oder eine Pistole? Es war also immer ein schlechtes Zeichen, wenn der andere seine Hände nicht zeigen wollte. Aus diesem Grund ist es auch heute noch besonders vertrauenserweckend, wenn wir unsere Hände zeigen.

Damit ist natürlich nicht gemeint, dass Sie Ihrem Gegenüber Ihre leeren Handinnenflächen hinstrecken sollen. Aber gestikulieren Sie gerne mit der ganzen Hand, machen Sie klar, dass Sie nichts zu verbergen haben. Allgemein wirkt eine offene Körpersprache nicht nur attraktiv, sondern auch sympathisch. Menschen, die ihre Hände verwenden, um eine Geschichte zu erzählen, denen hören wir gerne zu.

Nähe aufbauen

Wenn Sie ein attraktives Auftreten und eine interessante Persönlichkeit vorweisen können, geht es nun um das eigentliche Flirten selbst. Flirten kann ganz oft komplett nonverbal geschehen. Sie können einer Person zeigen, dass Sie diese mögen, ohne dumme Anmachsprüche zu verwenden - zum Beispiel, indem Sie Nähe aufbauen.

Nähe steht immer für Vertrauen. Eine Person, die wir mögen, wollen wir auch gerne nah bei uns haben. Das können Sie für sich nutzen. Setzen Sie Nähe ganz bewusst ein.

Eine Hand auf der Schulter oder dem Arm, wenn es sich um ein romantisches Interesse handelt, oder vielleicht auch mal am Knie. Aber achten Sie stets darauf, dass die Berührungen nicht zu lang anhalten. Setzen Sie diese nur kurz und bestimmt ein, um der anderen Person zu zeigen „Ich bin da. Ich höre zu“. Schnell wird diese Person merken, dass ihrerseits Interesse besteht. Wenn Sie merken, dass die Person auf die Berührungen eingeht, dann können Sie diese auch verlängern. Wenn bereits zu Beginn Sympathie besteht, so kann diese durch Berührungen verstärkt werden.

Zum Schluss noch eine wichtige Anmerkung, die Sie sich immer zu Herzen nehmen sollten: Wenn Sie schon nach den ersten Anläufen, Berührungen oder Blickkontakten spüren, dass Ihr Gegenüber leider doch kein Interesse an Ihnen hat, dann belassen Sie es bei diesen Versuchen.

Ziehen Sie sich nach einer respektvollen und netten Verabschiedung dann lieber zurück. Nichts ist unangenehmer, als den ganzen Abend von ungewollten Flirt-Versuchen belästigt zu werden. Erkennen Sie, wo die Grenze ist, und akzeptieren Sie diese. Das macht Sie gleich sympathischer und die andere Person schätzt Ihr Verständnis. Wenn aus einem Date nichts wird - vielleicht entwickelt sich ja eine Freundschaft.

Rhetorik im Alltag - Zusammenfassung

Diese Kapitel haben Ihnen einen Einblick in den Alltag gegeben. Sie haben gelernt, wie Sie fortan erfolgreich argumentieren und selbstbewusster, attraktiver und mit mehr Durchsetzungsvermögen auftreten.

1. Streitgespräche meistern

- Kennen Sie Ihren Standpunkt und auch den des Gegners, nur so können Sie stark argumentieren.

- Nutzen Sie ein positives Mindset, um Ihr Gegenüber nicht als Konkurrent zu sehen. Versuchen Sie, auch seine Seite zu verstehen. Nur so können Sie gemeinsam gewinnen.

- Beleidigungen und persönlichen Angriffen weichen Sie am besten aus, indem Sie die Diskussion direkt wieder auf die Sachebene bringen.

- Unterstützen Sie Ihre Argumente mit einer starken Körperhaltung, einem festen Blick und einer kräftigen Stimme, jedoch ohne dabei zu schreien.

2. Die Erfolgsstrategie, mit der Sie auf andere zugehen

- Mit einem positiven Mindset bereiten Sie sich auf die Kommunikation vor und begegnen jedem auf Augenhöhe. Geben Sie das Interesse an einem Gespräch durch Blickkontakt an, als Eisbrecher eignen sich am besten Komplimente.

- Wenn unangenehme Stille herrscht, brechen Sie diese mit Fragen über die andere Person, das vermittelt Interesse und macht Sie sympathisch.

3. Charisma-Wunder: Selbstbewusst durch Sprache

- Sprechen Sie laut und deutlich, denn Sie haben etwas zu sagen. Geben Sie anderen Komplimente, denn das zeigt, dass Sie mit sich selbst zufrieden sind und andere schätzen können.

- Verwenden Sie starke Wörter wie „wir“ anstatt „du“ und „Ich verstehe dich“ sowie „Danke!“

- Versuchen Sie nicht, um jeden Preis gut anzukommen. Seien Sie authentisch! Sie sind gut so, wie Sie sind.

4. Die 5 Geheimtipps für die Durchsetzungsfähigkeit

- Seien Sie überzeugt von dem, was Sie sagen. Sprechen Sie klar und direkt. (Verzichten Sie auf den Konjunktiv!)

- Betonen Sie Satzenden und bestimmte Wörter ganz bewusst, um diesen etwas Mächtiges und Endgültiges zu verleihen. Unterstützen Sie das Gesagte durch eine starke Körpersprache.

- Nutzen Sie die psychologische Macht der Frage „Was passiert, wenn ich schweige?“ Das bringt Sie dazu, den Mut zum Durchsetzen zu finden.

5. Unwiderstehlich attraktiv

- Attraktivität können Sie durch Ihr Auftreten und Ihre Persönlichkeit zum Ausdruck bringen. Seien Sie stets gepflegt und tragen Sie Kleidung, die Ihrer Figur schmeichelt. Zeigen Sie, dass Sie Interessantes zu erzählen haben, und wofür Sie sich begeistern.

- Romantisches Interesse lässt sich gut durch Nähe vermitteln, mit bewussten Berührungen an Arm, Schulter und Knie.

4. Kunstgriffe und Tabus

Die Grundlagen der Rhetorik, die Methoden für den Beruf und die Strategien, mit denen Sie Ihren Alltag bereichern - das alles haben Sie inzwischen erfahren. Sie sind bereits auf dem besten Weg, ein großartiger Rhetoriker zu werden.

Im weiteren Verlauf bekommen Sie eine allumfassende Sammlung an ultimativen Kunstgriffen, Tabus und Übungen, mit denen Sie Ihre Rhetorik zur Perfektion bringen - sowohl im beruflichen als auch im privaten Bereich.

Es geht in den praktischen Bereich. In den letzten drei Kapiteln werden Sie sich mit täglichen Übungen selbst auf die Probe stellen können - inspiriert von den Besten, die die Kunst der Rhetorik zu bieten hat.

Ab jetzt liegt es in Ihrer Hand. Nur noch dieser Schritt und die Welt der Rhetorik steht Ihnen offen.

4.1 Absolute Rhetorik Sünden

Nachdem Sie eine Bandbreite an Tipps erhalten haben, wie Sie Ihre Reden perfekt aufbauen, verbessern und halten können, folgt hier noch einmal eine Auflistung der Fehler, die Sie unbedingt vermeiden sollten:

1. Undeutliche Aussprache

Einem guten Redner hört man gerne zu. Doch damit man jemandem zuhören kann, muss man ihn auch verstehen.

Das Schlimmste, was Ihnen als Redner passieren kann, ist, dass die Zuhörer Ihnen nicht folgen können, weil Sie eventuell eine schlechte Aussprache besitzen, zu leise sprechen oder zu viele Denkpausen einlegen, die gewöhnlich mit einem „Ähm" eingeleitet werden – solange, bis Sie als Redner und auch die Zuhörer komplett den Faden verlieren.

Achten Sie daher immer auf eine deutliche Aussprache und einen rhythmischen Redefluss. Der Redefluss ist etwas, das Sie allein durch das Üben der Rede trainieren können.

Nehmen Sie sich vor, die Rede mindestens einmal pro Tag zu üben, dadurch werden Denkpausen und Hänger wie von allein ausgeräumt.

Für die deutliche Aussprache gibt es einige professionelle Aufwärmübungen und Trainingseinheiten. Diese finden Sie in Kapitel 4.5.

Übrigens ist es auch vollkommen egal, ob Sie professionelle Reden halten oder einfach nur Ihre alltägliche Sprache verbessern wollen: Eine undeutliche Aussprache ist in jedem Fall hinderlich.

2. Umständlicher Satzbau

Unverständlichkeit kann viele Gründe haben: Entweder der Redner spricht undeutlich oder zu leise, im schlimmsten Fall jedoch verwirrt er seine Zuhörer mit komplexen und endlos langen Sätzen, die aus vielen Nebensätzen bestehen. Ein gehobener Redestil wird in den meisten Situationen gern gesehen, doch das bedeutet nicht, dass Sie genauso reden sollten wie Sie schreiben. Auf dem Papier fällt es uns viel leichter, auch lange und komplexe Sätze zu verstehen. Wenn wir jedoch nur zuhören, können wir schnell den Faden verlieren, vor allem, wenn sich selbst der Redner in seinen Zeilen verstrickt. Bleiben Sie bei kurzen, klar verständlichen Sätzen, denen jeder Zuhörer gut folgen kann.

3. Die Verallgemeinerung

Das Ziel von Vorträgen ist es, die Menschen zu informieren und von etwas zu überzeugen. Das geht aber nur, wenn Sie direkt ansprechen, worum es geht. Wenn Sie alles nur verallgemeinern und keine konkreten Fakten oder Beweise liefern bzw. noch nicht einmal das Problem, das Sie beheben wollen, genau beschreiben, wird Ihnen keiner folgen können. Sagen Sie also nicht „Einige Abteilungen haben mit diesem Programm diverse Probleme“. Formulieren Sie es detaillierter: „Die Marketing-Abteilung und das Management haben mit dem Programm folgende Probleme ...“.

4. Keine Emotionalität

Sie haben nun schon oft gelesen, wie wichtig die Emotionalität bei einem Vortrag ist. Wenn die Zuhörer auch nur eine Sekunde das Gefühl bekommen, dass Sie selbst gelangweilt sind, verlieren Sie sofort die Aufmerksamkeit. Behalten Sie daher stets Ihre Begeisterung und Freude darüber, einen Vortrag halten zu dürfen. Nur dann können auch wirklich alle – Sie und die Zuhörer – von dieser Erfahrung profitieren.

5. Fragen ins Publikum

Sie wissen, was eine rhetorische Frage ist und wie diese eingesetzt wird. Wichtig ist an dieser Stelle zu betonen, dass dies die einzige Frage ist, die Sie in eine Rede einbauen sollten. Wenn Sie eine ernste Frage an das Publikum richten und wirklich auf Zuhörerinteraktion hoffen, öffnen Sie die Tür für so viele Möglichkeiten, dass etwas schiefgehen kann.

Vermeiden Sie solche Fragen, denn nur selten entsteht daraus etwas, das Ihren Vortrag positiv beeinflusst.

6. Keine Empathie

Die Bereitschaft und die Fähigkeit, sich in die Einstellungen anderer Menschen einzufühlen, ist außerordentlich wichtig. Sie müssen verstehen, warum Menschen ihrem Vortrag zuhören, was sie lernen wollen und wie Sie ihnen das am interessantesten vermitteln. Eine absolutes Tabu ist daher, wenn Sie als Redner nur über sich selbst sprechen bzw. nur sich als Beispiel nehmen und von Ihnen auf andere schließen. Es ist in Ordnung, eine Erfahrung aus dem eigenen Leben zu teilen, das hilft oft, den Zuhörer auf Ihre Seite zu ziehen. Doch vermeiden Sie es, diese Erfahrung als universelles Erlebnis darzustellen. Der Zuhörer wird so etwas negativ aufnehmen und Sie bald als eingebildet und selbstverliebt betrachten.

Versuchen Sie ebenfalls nicht, anderen Ihre Meinung als den einzig richtigen Standpunkt zu verkaufen, nur, weil es Ihre Meinung ist. Ein erfolgreicher Geschäftsführer mag beispielsweise vielleicht Sätze sagen wie „So handhabe ich mein Leben, und weil ich reich und erfolgreich bin, sollten Sie das alles genauso tun! Es hat bei mir geklappt, es wird bei Ihnen auch klappen!“ Sie brauchen gute Argumente und Belege, um andere von Ihren Ideen zu überzeugen. Nur durch Ihren Status oder Ihre individuelle Erfahrung können Sie nichts verändern.

7. Schwache Körpersprache

Die Wichtigkeit einer guten Körperhaltung haben Sie bereits zu schätzen gelernt. Doch auch hier muss wiederholt erwähnt werden, wie unvorteilhaft Sie eine schlechte Körperhaltung aussehen lässt.

Zusammengefasst: Setzen Sie stets eine aktive Körpersprache ein! Wenn Sie passiv agieren, werden Sie als schüchtern und zurückhaltend wahrgenommen, niemand würde Ihnen somit Führungsqualitäten zusprechen.

Eine zu steife Körperhaltung wäre ebenso problematisch. Wenn Sie fühlen, dass Sie total verkrampft und steif sind, dann schütteln Sie sich einmal komplett, bevor Sie die Bühne betreten.

Wenn Sie merken, dass Sie total nervös sind, dann nehmen Sie sich die notwendige Zeit, um wieder zur Ruhe zu kommen. Bevor Sie auf die Bühne gehen, atmen Sie einmal tief durch. Atmen Sie ein und zählen Sie dabei bis 7, dann atmen Sie aus und zählen erneut bis 7. Das wird Sie erden und gibt Ihnen Kraft, um den Vortrag konzentriert zu beginnen.

Und das Wichtigste: Bewahren Sie immer Ihre Authentizität! Eine nicht authentische Körperhaltung zerstört Ihnen den gesamten Vortrag.

4.2 Wörter und Gesten, die es zu vermeiden gilt

Es gibt viele Wörter und Gesten, die in bestimmten Situationen entweder ganz oder teilweise fehl am Platz sind. Damit Ihnen keine Fehltritte passieren, bekommen Sie eine Zusammenfassung aller Worte und Gesten, die Sie im Alltag vermeiden sollten. Man zeigt nicht mit dem Finger auf andere Leute Vielleicht kennen Sie diesen Spruch noch von früher oder Sie haben Ihre eigenen Kinder schon einmal so ermahnt. Tatsächlich ist der ausgestreckte Zeigefinger auch in der Rhetorik sehr verpönt.

Wenn jemand in einer Diskussion mit dem Zeigefinger wackelt, so vermittelt das immer etwas Strenges. Man hat sofort das Bild einer tadelnden Mutter oder eines bestrafenden Lehrers im Kopf. Solch eine Assoziation macht Sie schnell unsympathisch und lässt Sie sogar eingebildet wirken. Darum: Den Zeigefinger einfach weglassen und lieber mit der ganzen Hand gestikulieren.

Übrigens gilt das auch für Präsentationen. Natürlich verwenden viele den Zeigefinger, um auf etwas zu deuten. In der Regel ist es jedoch besser, mit zwei Fingern oder mit der ganzen Hand auf etwas zu zeigen. Hierbei sollte die Handinnenfläche sichtbar sein. Das lässt Sie vertrauenswürdiger und weniger diktatorisch wirken.

Haltung macht Leute

Ihre Haltung bestimmt darüber, wie andere Menschen Sie im ersten Moment wahrnehmen. Wer jedoch schon mit eingeknickter Haltung kommt, einen runden Rücken macht, in Stühlen einfach zusammensackt, der verdirbt jeden ersten Eindruck. Eine krumme Haltung lässt Sie immer etwas mürrisch und schlapp wirken. Trainieren Sie sich deshalb eine schlechte Haltung so schnell wie möglich ab.

Überprüfen Sie jedes Mal, wenn Sie einen neuen Raum betreten, Ihre aufrechte Haltung. Wenn Sie merken, dass Ihre Schultern hängen und Sie einen runden Rücken bilden, richten Sie sich wieder auf. Danach betreten Sie jeden Raum mit einer positiven Präsenz.

Absolute Charisma-Killer

So wie es bestimmte Gesten gibt, die anderen vermitteln, dass wir unsicher oder schwach sind, so gibt es auch Wörter, die eine negative Wirkung hinterlassen. Achten Sie auf diese Wörter und streichen Sie diese aus Ihrem Wortschatz - für ein selbstbewusstes und erfolgreiches Auftreten.

1. „Houston, wir haben ein Problem!"

Das Wort „Problem" ist in unserem Sprachgebrauch oft negativ belegt und viele Menschen reagieren darauf sofort mit Abneigung.

Natürlich gibt es Situationen, in denen Sie diese starke Gewichtung des Wortes verwenden dürfen, aber nur dann, wenn auch wirklich ein Problem vorliegt. Sie sollten dieses Wort jedoch nicht verwenden, wenn Sie sich mit einer Situation auseinandergesetzt sehen, in der Sie sich überwinden müssen.

„Ich habe ein Problem: Morgen muss ich eine spontane Rede halten." Durch das Wort „Problem" zeigen Sie bereits, dass Sie es sich selbst nicht zutrauen. Das bringt Sie in eine innere negative Einstellung. Sagen Sie stattdessen „Ich muss mich einer Herausforderung stellen!" Das Wort „Herausforderung" impliziert, dass es zwar schwer wird, doch es ist machbar und man kann sich weiterentwickeln. Somit wurde die negative Assoziation durch eine positive ersetzt.

Sätze wie „Das ist kein Problem!" sollten Sie sich ebenfalls abgewöhnen.

Auch wenn die Aussage des Satzes eine positive ist (denn es liegt ja kein Problem vor), so hat das Wort dennoch ein solches Gewicht, dass unser Gehirn sich viel stärker auf diese negative Aussage beschränkt. „Alles ist gut!“ wäre die bessere Alternative.

2. „Entschuldigung“

„Entschuldigung“ zu sagen gehört eigentlich zu den guten Manieren, doch auch dieses Wort sollten Sie sich abgewöhnen.

Natürlich ist es wichtig, sich bei anderen Menschen zu entschuldigen, sei es, weil man jemandem verletzt hat, oder weil man einen wirklich großen Fehler begangen hat und hofft, dass der andere verzeihen kann.

In bestimmten Situation bietet es sich jedoch an, das „Entschuldigung“ zu ersetzen. Vergleichen Sie einmal die folgenden beiden Sätze hinsichtlich ihrer psychologischen Wirkung: „Entschuldigung, dass ich wieder so spät bin.“ und „Danke, dass du immer auf mich wartest“. Erkennen Sie den Unterschied? Der erste Satz hebt eine negative Angewohnheit hervor (häufiges Zuspätkommen). Der zweite Satz jedoch hebt eine positive Eigenschaft des Gegenübers hervor (die Geduld, zu warten). Anstatt sich selbst schlecht zu machen, wird der andere gelobt.

Aus genau diesem Grund ist es klug, das Wort „Entschuldigung“ mit einem „Danke“ auszutauschen. Die andere Person fühlt sich geschmeichelt, dass ihre Geduld wertgeschätzt wird, und ist eventuell sogar bereit dazu, beim nächsten Mal erneut ein Zuspätkommen zu verzeihen.

„Entschuldigung, dass ich störe“ wird zu „Danke, dass Sie kurz Zeit für mich haben“ - „Entschuldigung für das Chaos“ wird zu „Danke, dass dir die Unordnung nichts ausmacht“ - „Entschuldigung für all die Probleme“ wird zu „Danke, dass du dich jeder Herausforderung zusammen mit mir stellst!“ Sie sehen also, wie positiv Ihr Leben und das Ihrer Mitmenschen wird, wenn Sie diesen einfachen Trick anwenden.

3. „Ich versuche mich zu bessern..."

Vergleichen Sie auch hier die beiden folgenden Sätze hinsichtlich ihres psychologischen Effektes. Was ist glaubwürdiger?

„Ich werde versuchen, mich zu bessern.“ oder „Ich werde mich verbessern.“ Merken Sie es? Das Wort „versuchen“ ist in diesem Satz absolut unnötig, denn entweder man will und wird sich verbessern oder man wird sich nicht verbessern.

Auf andere wirkt dies immer etwas unentschieden und auch das eigene Gehirn nimmt es nur als eine Option, nicht als eine direkte Aktion wahr. „Ja, ich versuche mich zu verbessern, wenn ich es nicht schaffe, dann ist das halt so. Immerhin habe ich es versucht“. Solche Gedanken sind Gift und fördern kein positives und vorwärts gerichtetes Denken. Es hält Sie davon ab, wirklich etwas zu ändern.

Streichen Sie dieses Wort aus solchen Sätzen also komplett heraus. „Ich versuche pünktlich zu sein“ klingt lasch und ungenau. „Ich werde pünktlich sein“ ist hingegen ein bindendes Versprechen. Auch „Ich versuche, ein guter Rhetoriker zu werden“ ist nichts als eine Idee, während „Ich werde ein guter Rhetoriker“ Ihre sichere Zukunft ist.

4. „Ich verlasse mich auf Dich“

Manche Menschen glauben, dass der Satz „Ich verlasse mich auf dich!“ positiv ist, der andere aufbaut. Aber er bewirkt stattdessen das Gegenteil.

„Ich verlasse mich ..." - Sie verlassen sich selbst? Genau so klingt es! Dieser Satz signalisiert, dass Sie jegliche Verantwortung von sich weisen und auf die andere Person übertragen. Zum einen fühlen Sie sich dadurch plötzlich so, als hätten Sie nichts mehr mit dem Ausgang einer Situation zu tun, denn Sie verlassen sich ja auf den anderen. Zum anderen belastet es die andere Person mit enorm viel Druck. „Man verlässt sich auf mich, jetzt muss ich das gut machen, ich darf auf gar keinen Fall versagen!" Wenn dann doch etwas schiefgeht, dann ist die Enttäuschung doppelt so groß.

Nutzen Sie stattdessen andere, wohlwollende Worte, um Ihr Gegenüber anzuspornen. „Gemeinsam schaffen wir das!" bringt nicht nur ein tolles Gemeinschaftsgefühl hervor, es vermittelt auch, dass sich jeder um den anderen kümmert und sich niemand vor einem Versagen fürchten muss.

4.3 Lernen von den Besten

„Es ist noch kein Meister vom Himmel gefallen." (Lateinisches Sprichwort)

Dennoch begegnen wir in unserem Leben immer wieder Menschen, die scheinen in bestimmten Bereichen von Natur aus sehr begabt zu sein – auch bezogen auf die Rhetorik. Sehen Sie diese Menschen nicht als Konkurrenten – sondern als Ihre Lehrer, von denen Sie viel lernen können! Mit einer solchen positiven Einstellung macht es auch viel mehr Spaß, auf andere zuzugehen. Kennen Sie vielleicht eine Person aus Ihrem Bekanntenkreis, die rhetorisch begabt ist? - Womöglich gibt es jemanden, der Theater spielt, der als Lehrer oder Logopäde arbeitet, vielleicht sogar in der Politik ist? Es hilft enorm, sich einmal mit diesen

Menschen zusammenzusetzen, Fragen zu stellen oder diese bei der Arbeit zu beobachten.

Falls Sie niemanden kennen ist das nicht schlimm, denn rhetorische Vorbilder lassen sich fast überall finden. Bestimmt haben Sie schon einmal Ausschnitte berühmter Reden im Fern gesehen.

Beispiel: John F. Kennedy, der einst sagte „Ich bin ein Berliner!“ oder Martin Luther King mit seiner berühmten Rede „I have a Dream“.

Suchen Sie sich eine dieser berühmten Reden heraus und beginnen Sie diese zu analysieren. Achten Sie darauf, wie der Vortragende die Rede tatsächlich vermittelt.

Gute Beispiele für berühmte Reden sind:

- **„Yes, we can!“**, Siegesrede von Barack Obama
- **„The only thing we have to fear is fear itself“**, Amtsantrittsrede von Franklin D. Roosevelt
- **„Quit India“**, Mahatma Gandhis Rede zur indischen Unabhängigkeitsbewegung
- **Rede auf dem 3. Bundesparteitag der CDU in Berlin**, Konrad Adenauer über die Wiedervereinigung Deutschlands
- **„An ideal for which I'm prepared to die“**, Nelson Mandelas Rede gegen die Apartheid
- **„Stay hungry, stay foolish“**, Rede von Steve Jobs, gerichtet an Absolventen der Standford Universität

All diese Reden (sowie ihre deutschen Übersetzungen) können Sie ganz einfach online finden.

Diese berühmten Reden sind in der Regel recht lang. Sie können jedoch auch Ausschau nach weiteren kurzen, eher spontanen, öffentlichen Reden halten (z. B. ein Schauspieler, der sich für einen Preis bedankt, Menschen, die in einer Talkshow miteinander diskutieren, Politiker, die in einer Debatte ihre Meinung vertreten).

Ganz egal, welches Vorbild Sie für sich gefunden haben, gehen Sie nun wie folgt vor: Analysieren Sie für sich selbst, warum dieser Redner Sie so sehr beeindruckt. Welche Methoden setzt er ein? Ist es eine besonders expressive Gestik und Mimik? Wie betont die Person bestimmte Wörter und Sätze? Wie wird das Gesagte durch den Körper unterstrichen?

Natürlich geht es nicht darum, bestimmte Bewegungen einfach nur nachzumachen. Aber es gibt immer wieder kleine, feine Regungen in Gestik und Mimik, die einen Redner besonders machen. Erkennen Sie diese und überlegen Sie, welche zu Ihnen passen und wie auch Sie solche Bewegungen für sich einsetzen können.

Wenn Sie die körperliche Ebene analysiert haben, geht es um die sachliche Ebene, sprich: Was sagt der Redner eigentlich genau? Ein guter Redner kann über den größten Unsinn eine leidenschaftliche Rede halten. Das ist in den zuvor genannten Beispielen natürlich nicht der Fall. Hier sind es große Politiker, Freiheitskämpfer, Nobelpreisträger, die sich für die Entwicklung ihrer Länder und dem friedlichen Beisammensein aller Menschen einsetzten. Die Wahl ihrer Worte bestimmte den Lauf der Geschichte und sind gute Lehrbeispiele der Rhetorik. Gehen Sie also Stück für Stück an diese Reden heran und unterteilen Sie diese. Analysieren Sie: An wen wendet sich die Rede? Was ist die Hauptaussage, was der Appell? Wie baut der Redner seine Argumente auf? Wie geht er auf Gegenargumente ein, wenn er welche erwähnt? Zu welchem Zweck oder gegen welche Bewegung wurde diese Rede gehalten? Welche Tricks benutzt er, um seinen Zuhörern Hoffnung und Leidenschaft zu vermitteln? Welche Stilmittel können Sie in dieser Rede wiederfinden? Wie und warum wurden diese eingesetzt?

Schreiben Sie alle Ihre Erkenntnisse am besten auf, um sie nicht zu vergessen.

Machen Sie sich an dieser Stelle auch bewusst, dass viele dieser Reden nicht nur von einer Person geschrieben wurden.

Gerade Politiker haben oft ein ganzes Team an Menschen um sich, die dafür sorgen, dass jede ihrer Reden einen Sachverhalt richtig beschreiben und auf den Punkt bringen. Solche Reden werden unter Umständen mehrfach neu geschrieben, gelesen und korrigiert, bevor sie in ihrer Endfassung tatsächlich vorgetragen werden.

Halten Sie sich das vor Augen, wenn Sie diese Texte lesen, auch dann, wenn Sie einmal an sich selbst zweifeln und glauben, dass Sie nicht gut genug sind. Sie arbeiten an Ihrer Rede komplett allein! Erkennen Sie, dass Sie grandiose Arbeit leisten - und nutzen Sie das Wissen der Besten!

4.4 Vier großartige Übungen für den Erfolg

„Übung macht den Meister." Wer täglich übt, erreicht sein Ziel auch wirklich. Aber wer denkt, Übungen sind immer nur das langweilige

Wiederholen der immer gleichen Inhalte, der irrt sich. Übungen können eine spaßige Herausforderung sein, mit der Sie spielend leicht Ihre Fähigkeiten verbessern. Darum gibt es hier vier Übungen, die Sie mühelos jeden Tag anwenden können und die Ihnen garantiert zum Erfolg verhelfen.

1. Die Gegen-Rede

Gerade in Diskussionen ist es unglaublich wichtig, nicht die Gegenseite aus den Augen zu verlieren. Nur wenn Sie wissen, wogegen Sie argumentieren, können Sie sich entsprechend darauf vorbereiten. Grundsätzlich ist es in einer Debatte immer von Vorteil, die Pro-Argumente des Gegners zu kennen. Denn dann können Sie gute Gegenargumente vorbereiten, die Ihre Meinung unterstützen.

Um das zu trainieren, können Sie eine Gegen-Rede schreiben. Gibt es ein Thema, von dem Sie zu einhundert Prozent überzeugt sind? Dann schreiben Sie eine Rede gegen dieses Thema. Oder gibt es eine andere Meinung, die Sie abschreckend finden? Dann schreiben Sie eine Rede für diese Meinung! Fordern Sie sich selbst heraus und versuchen Sie Argumente für eine Meinung zu finden, die komplett gegen Ihre eigene spricht. Somit erlernen Sie wichtige Debattier-Fähigkeiten, die Sie auch automatisch zu einem professionelleren Redner machen.

2. Zusammenfassen

Gute Rhetorik verlangt das saubere Verarbeiten und klare Vermitteln von Inhalten. Diese Fähigkeit können Sie ganz einfach üben, ohne jeden Tag eine neue Rede zu schreiben. Suchen Sie sich dafür beispielsweise Zeitungsartikel, Blogeinträge, Nachrichten, wissenschaftliche Ausarbeitungen oder vielleicht sogar die Handlung Ihres Lieblingsfilms oder -buches aus und fassen Sie diese zusammen. Denken Sie bei Ihren Zusammenfassungen immer, Sie würden dieses Thema nun einem Freund oder einem Kollegen so einfach wie möglich erklären wollen. Damit trainieren Sie ganz einfach, wie Sie Informationen aufnehmen und verarbeiten.

Es muss auch nicht immer schriftlich sein, Sie können Inhalte ebenso gedanklich zusammenfassen.

Das schriftliche Festhalten hilft Ihnen jedoch, die Informationen auch zu visualisieren und sie langfristig im Gehirn zu speichern.

Im besten Fall tragen Sie Ihre Zusammenfassung einmal laut vor, somit haben Sie auch gleich den täglichen mündlichen Teil der Rhetorik-Übungen erledigt.

3. Sprechen vor dem Spiegel, vor Freunden, vor der Kamera

Wer sich verbessern will, der braucht nicht nur Übung, sondern auch Feedback. Tägliches Üben ist irgendwann sinnlos, wenn man keine Rückmeldung zu seinen Fortschritten bekommt oder Hinweise darauf, wo man noch etwas verbessern kann.

Das Sprechen vor dem Spiegel ist eines der schnellsten und einfachsten Mittel, mit dem Sie sich selbst beurteilen können. Oft ist es hilfreich, wenn man sich selbst beim Sprechen zuschaut. Wie halte ich meine Arme? Wie bewege ich mein Gesicht? Was sagt meine Körpersprache über mich aus? Wirke ich seriös? Wie will ich überhaupt wirken? Oft sehen Dinge auf dem Papier oder in der eigenen Vorstellung ganz anders aus. Ein Check im Spiegel hilft da schon weiter.

Erweitern können Sie diese Art der Selbstbeobachtung, wenn Sie sich beim Sprechen aufnehmen. Beim späteren Ansehen des Videos können

Sie sich noch einfacher darauf konzentrieren, was Sie verbessern können und sich dabei gleichzeitig Notizen machen – etwas, das Ihnen vor dem Siegel eher nicht gelingt.

Holen Sie sich noch eine Zweitmeinung ein. Wenn eine neutrale Person Ihren Vortrag zum ersten Mal hört, kann diese sofort sagen, wo vielleicht noch Verständnisfragen aufkommen könnten oder wo etwas mit der Mimik oder Gestik nicht passt. Am besten halten Sie Ihren Vortrag einmal vor Freunden, einem Familienmitglied oder vor Kollegen. Diese werden Ihnen sicher ebenso ein aufrichtiges Feedback geben können.

4. Partyspiel: Stehgreif-Rede

Wie zuvor bereits erwähnt: Ein guter Redner kann über den größten Unsinn eine leidenschaftliche Rede halten. Genau darum geht es in dieser Übung.

Ein sehr unterhaltsames Spiel mit Freunden oder der Familie kann die Stehgreif-Rede sein. Es ist optimal, dass hierfür kein Vorwissen vorhanden sein muss. Niemand muss über wissenschaftliche Fakten reden, keiner muss sich Gedanken über einen perfekten Aufbau machen, denn letztendlich geht es bei dieser Übung nur um den Spaß am Reden.

Die Regeln sind einfach: Eine Person muss völlig spontan eine Rede über ein von der Gruppe erfundenes Thema halten. Die Themen können ernst, politisch oder auch gesellschaftlich sein, wie zum Beispiel: „Vertritt deine Meinung zum Klimaschutz!“ oder „Was hältst du von Präsident Donald Trump?“

Sie dürfen hier, ganz frei von allen Regeln, etwas erfinden und einfach darauf los reden, wie es Ihnen gefällt, nur unterhaltsam sollte es sein.

Somit muss keiner Angst haben, dass er etwas Falsches sagt, denn in der Improvisation gibt es keine Fehler, nur Unterhaltung.

Am besten einigt man sich zu Beginn auf einen gewissen Zeitrahmen, den die Rede haben sollte, zum Beispiel eine Minute für eine schnelle Runde, drei Minuten für das gewöhnliche Spiel und fünf Minuten für die Profis.

Sie sehen also: Es braucht nicht viel, um täglich zu üben. Wichtig ist, dass Sie sich mit diesen Übungen nicht unter Druck setzen. Das Lernen soll Spaß machen und Sie so motivieren, dass Sie weitermachen. Am besten erstellen Sie sich dazu einfach einen Zeitplan.

Beginnen Sie zunächst ganz klein: Nur fünf Minuten am Tag üben Sie Ihre Rhetorik. Es gibt keinen Grund dies nicht zu tun. Jeder kann sich täglich fünf Minuten für etwas Zeit nehmen, selbst wenn es am Abend direkt vor dem Einschlafen ist. Die Motivation ist zu Beginn gleich viel höher, als wenn Sie sich sagen „Ich lerne jeden Tag 45 Minuten." Das ist zeitaufwendig und klingt tatsächlich echt anstrengend. Fangen Sie also mit fünf Minuten an und fügen einfach mit jeder weiteren Woche mehr Zeit hinzu. Somit haben Sie bald eine umfassende tägliche Trainingseinheit und werden Ihre Fortschritte spüren.

4.5 Aufwärmen wie die Profis

Bevor Darsteller die Bühne betreten, machen diese sich zuvor mit altbewährten Aufwärmübungen für den Auftritt bereit. Es geht darum, Stimmvolumen und -resonanz, Artikulation und Mimik aufzulockern und gleichzeitig zur Ruhe zu kommen, um sich mental auf die bevorstehende Darstellung einzulassen. Diese Tricks werden schon seit Jahrhunderten am Theater eingesetzt – warum also sollten Sie nicht auch von diesen Übungen profitieren können, wenn Sie das nächste Mal einen Vortrag halten? Mit diesen Tipps sind Sie bereit für Ihren großen Auftritt!

1. Gesicht

Das Aufwärmen beginnt mit dem Massieren des Gesichts. Streichen Sie über Ihre Wangen, reiben Sie sich über die Augen, massieren Sie Ihre Ohren – wichtig ist, das Gesicht in Bewegung zu bringen. Eine ganz besondere Stelle, die es zu massieren gilt, ist direkt vor den Ohren und unter den Wangenknochen, genau dort, wo sich der Unterkiefer mit dem Schädel verbindet. Reiben Sie mit Zeige- und Mittelfinger über diese Stelle. Der Unterkiefer ist meist viel zu verkrampft ist. Durch das Massieren dieser Stelle wird dieser gelockert und entspannt. Danach können Sie sich noch einmal mit den Fingerspitzen über das Gesicht klopfen, so, als würden Regentropfen auf Sie fallen. Das stimuliert das Gesicht erneut und macht wach.

2. Lippen

Die Lippen sind für die Lautbildung vieler Buchstaben besonders wichtig und müssen fit sein, um eine gute Aussprache zu garantieren. Beginnen Sie mit dem sogenannten Lippentriller. Die meisten kennen diese Übung bereits, jedoch nicht im Zusammenhang mit der Aufwärmung der Lippen. Dabei stoßen Sie die Luft durch einen locker geschlossenen Mund aus, damit die Lippen anfangen zu schwingen. Hierbei entsteht ein recht lustiges Geräusch. Wenn die Schwingung in Lippen und Nase kitzelt, dann machen Sie es richtig.

Eine weitere Übung funktioniert wie folgt: Spitzen Sie Ihre Lippen zu einem Kussmund, dann lösen Sie das angespannte Spitzen und gehen über in das breiteste Lächeln, dass Ihnen mit geschlossenen Lippen gelingt. Dann wieder spitzen - lächeln - spitzen - lächeln ... Das Ganze können Sie so oft wiederholen, bis Sie eine angenehme Entspannung in den Muskeln spüren.

3. Artikulation

Es gibt wohl nichts Schlimmeres als einen Redner, der undeutlich spricht. Die Aufwärmung der Lippen ist bereits extrem wichtig für eine gute Aussprache, doch es gibt noch mehr Aufwärmungen speziell für die Artikulation.

Ganz klassisch sind Zungenbrecher. Jeder Mensch kennt wahrscheinlich mindestens einen von ihnen. Die besten Zungenbrecher, die die kniffeligsten Übergänge der deutschen Sprache hervorheben, können hier nachgelesen werden:

1) Fischers Fritz fischt frische Fische. Frische Fische fischt Fischers Fritz

2) Blaukraut bleibt Blaukraut und Brautkleid bleibt Brautkleid

3) Schnecken erschrecken, wenn Schnecken an Schnecken schlecken, weil zum Schrecken vieler Schnecken, Schnecken nicht schmecken

4) Auf den sieben Robbenklippen sitzen sieben Robbensippen die sich in die Rippen stippen bis sie von den Klippen kippen

5) Hinter Hennes Hannes Haus hingen hundert Hemden raus. Hundert Hemden hingen raus, hinter Hennes Hannes Haus

Um diese Zungenbrecher besonders effizient zu üben, können Sie die Artikulation extrem übertreiben. Bewegen Sie Ihre Lippen mit jedem Vokal und Konsonant mit. Ein ausgesprochenes „e“ wird zu einem breiten Grinsen, ein „u" zu einem Kussmund, ein „m" zu fest geschlossenen Lippen. Somit bringen Sie noch einmal besonders viel Bewegung und Abwechslung in Ihr Gesicht.

Eine weitere gute Artikulations-Übung ist der Vokalaustausch. Vielleicht kennen Sie noch „Drei Chinesen mit dem Kontrabass", ein Lied, bei dem in jeder Strophe die Vokale durch andere ersetzt werden (so wird daraus dann „Dra Chanasan mat dan Kantrabass" oder „Dro Chonoson mot dom Kontroboss"). Während dieses Lied bereits eine tolle Vokal-Übung ist, steigert sich die nächste Übung noch etwas.

Unser Ausgangswort lautet „Pataka". Daraus wird dann „Patake", anschließend „Pataki" usw. Die Übung lautet also wie folgt:

Pataka Patake Pataki Patako Pataku

Sagen Sie diese Wörter nun in einem langsamen Rhythmus vor sich hin. Wenn Sie am Ende sind, beginnen Sie einfach wieder von vorn, sodass ein durchgehender Lautfluss entsteht. Dann beginnen Sie langsam Schritt für Schritt die Geschwindigkeit Ihrer Aussprache zu erhöhen, sodass Sie die Worte am Ende bei extremer Geschwindigkeit aufsagen, ohne sich zu verhaspeln.

4. Zwerchfell

Inzwischen sind Gesicht, Lippen und Artikulations-Muskeln aufgewärmt und Sie können zum eigentlichen Grundbaustein der Sprache kommen: der Stimme.

Der wohl älteste Trick der Schauspieler besteht darin, das Stimmvolumen und die Lautstärke nicht aus dem Hals herauszuholen, sondern aus dem Bauch, um genauer zu sein, aus dem Zwerchfell.

Das Zwerchfell ist ein Muskel zwischen Lunge und Magen, der sich immer dann aktiviert, wenn wir zum Beispiel husten. Schauspieler nutzen das Zwerchfell, um laut und deutlich zu sprechen. Würde man nämlich jede Aufführung aus dem Hals heraus sprechen oder gar schreien, so wäre man sicher sehr bald heiser.

Für die Aufwärmung des Zwerchfells gibt es einige einfache Übungen, die viele Menschen bereits ganz unbewusst anwenden.

Stellen Sie sich vor, Sie sind in der Stadt unterwegs und sehen auf der anderen Straßenseite einen guten Freund. Was werden sie tun, um seine Aufmerksamkeit zu gewinnen? Vielleicht rufen Sie seinen Namen oder einfach nur „Hey! Hey!“. Und genau bei diesem einfachen Rufen aktivieren die meisten Menschen automatisch ihr Zwerchfell. Das laute, kurze Rufen ist die perfekte Übung zum Aufwärmen der lauten Stimme. Alternativ zu „Hey“ funktionieren auch Worte wie „Ja, Nein, Hopp, Was, Wo, Wer“ und so weiter.

Am besten legen Sie Ihre Hand auf den Bauch, um die Bewegung des Zwerchfells selbst zu spüren. Und trauen Sie sich wirklich auch zu rufen, denn nur dann wird das Zwerchfell richtig aktiviert.

5. Entspannte Stimme

Bevor Sie einen Vortrag beginnen, sollten Sie Ihre Stimme wieder entspannen. Natürlich ist die Lautstärke ebenso wichtig, kann jedoch auch zu Anspannungen im Hals- und Mundbereich führen. Um diese wieder zu lösen, können Sie entweder erneut den Lippentriller einsetzen oder eine der folgenden Übungen anwenden:

Das Babybrabbeln. Machen Sie dafür einfach wahllos Geräusche, ohne darüber nachzudenken, was Sie von sich geben. Etwas wie „Hababababa" klingt dann oft wie das Gebrabbel eines kleinen Kindes und hilft dabei, die Stimme und Muskeln zu entspannen.

Ebenso entspannend sind Laute wie „Mjam mjam mjam", als würden Sie gerade ein köstliches Essen kauen und sich darüber freuen, wie lecker es schmeckt.

Nach dieser letzten Übung sind Sie bereit für Ihren großen Auftritt!

Wenn Sie diese Übungen am frühen Morgen machen und Ihre Stimme noch rau und „kalt" ist, dann führen Sie die Übungen am besten vor den Zwerchfellübungen aus. Durch eine nicht aufgewärmte Stimme könnten Sie mitunter sogar heiser werden.

Eine ideale Aufwärmung bei Schauspielern dauert in der Regel zwischen 10 - 60 Minuten. Doch daran müssen Sie sich nicht halten. Sie müssen auch nicht alle Übungen in genau dieser Reihenfolge durchführen. Machen Sie einfach das, was sich für Sie am besten anfühlt und nehmen Sie die Aufwärmübungen auch gerne in Ihr tägliches Training auf.

Kunstgriffe und Tabus - Zusammenfassung

In diesem Kapitel haben Sie die finalen Tipps und Tricks für die perfekte Rhetorik erhalten und eine Menge Übungen kennengelernt.

Absolute Rhetorik Sünden

- Auf der Inhaltsebene versuchen Sie Verallgemeinerungen zu vermeiden und achten stets auf einen klaren, verständlichen Satzbau. Fragen in das Publikum (bis auf die rhetorische Frage) sind tabu.

- Empathie ist eine soziale Kompetenz. Versuchen Sie, sich in andere Personen hineinzuversetzen. Sprechen Sie stets mit Emotionen.

- Eine schwache Körpersprache und eine undeutliche Aussprache zerstört jede gut geschriebene Rede.

Wörter und Gesten, die es zu vermeiden gilt

- Gesten: Ein ausgestreckter Finger vermittelt immer etwas Diktatorisches. Versuchen Sie das möglichst zu vermeiden.

- Körpersprache: Eine gebeugte, schlaffe Körperhaltung macht unattraktiv. Übung: Wenn Sie einen Raum betreten, richten Sie sich zuvor ganz bewusst auf.

- Wörter: Streichen Sie das Wort „Problem“ aus Ihrem Wortschatz, sagen Sie stattdessen „Herausforderung“. „Entschuldigung“ wird zu „Danke“, das hebt die Stärken des anderen hervor, nicht die eigenen

Schwächen. Ersetzen Sie das passive Verb „versuchen“ durch ein aktives Verb.

- Ignorieren Sie negative Gedanken und beginnen Sie den Tag mit einem positiven Mindset.

Lernen von den Besten

- Suchen Sie sich ein rhetorisches Vorbild, sei es ein Politiker, ein Schauspieler oder ein rhetorisch begabter Freund.
- Analysieren Sie, was diesen Redner so gut macht. Betrachten Sie Inhalt, Aufbau und Vermittlung einer Rede, eingesetzte Körpersprache und verwendete Stilmittel.

Vier großartige Übungen für den Erfolg

- Die Gegen-Rede: Halten Sie eine Rede über ein Thema/eine Meinung, der Sie absolut nicht zustimmen. Verbessern Sie damit Ihre Fähigkeit, sachlich zu argumentieren.

- Sprechen vor dem Spiegel/vor Freunden/vor der Kamera: Beobachten Sie sich selbst, so erkennen Sie unentdeckte Fehler und Verhaltensweisen, die Sie verbessern können.

- Zusammenfassen: Fassen Sie kurze oder lange Texte zusammen. Damit trainieren Sie Ihre Aufnahmefähigkeit und das Verarbeiten von Informationen.

- Stehgreif-Rede: Halten Sie eine spontane Rede. Was gesagt wird ist egal, wichtig ist, wie es gesagt wird.

- Wenden Sie die Übungen täglich an, denn nur so können sie verinnerlicht werden.

Aufwärmen wie die Profis

- Wärmen Sie sich vor dem Üben und vor öffentlichen Reden immer auf, um für eine deutliche Aussprache zu sorgen und Ihren Körper zu lockern.

- Im Gesicht massieren Sie die Muskeln, die Lippen wärmen Sie mit dem Lippentriller und starken Artikulationsbewegungen auf. Die Artikulation selbst fördern Sie mit Zungenbrechern, das Zwerchfell mit rhythmischen Rufen. Ihre Stimme entspannen Sie dann mit Babybrabbeln und weiteren Lippentrillern.

Schlusswort: Überzeugt sein ist alles

„Wollen Sie einmal sehen wie ich zu ihr werde?“

Diese Worte richtete Marylin Monroe einst an ihre Freundin Amy Greene, als Sie gemeinsam zum Broadway unterwegs waren. Obwohl Marylin schon damals ein absoluter Weltstar war, besaß sie die Fähigkeit, einfach in der Masse zu verschwinden. Sie konnte U-Bahn fahren und auf der offenen Straße in New York laufen – niemand erkannte sie. Als Amy Greene dann diese Frage hörte, da wusste sie nicht, was Marylin damit meinte und aus reiner Neugierde bejahte sie.

Und eines Tages wurde Marylin zu DER Marylin Monroe. Autos fuhren langsamer, Menschen drehten die Köpfe nach ihr um, starrten sie an und tuschelten. Aus der einfachen, unscheinbaren Frau wurde ein Weltstar - in nur wenigen Sekunden, als hätte sie eine Maske abgenommen.

„So etwas habe ich noch nie zuvor gesehen“, sagte Amy Greene später.

Wieso erzähle ich Ihnen von dieser Geschichte? Nun, wenn Sie den Inhalt dieses Buches bereits gelesen, studiert und beherzigt haben, dann wissen Sie schon, was in dieser Geschichte geschehen ist.

Amy Greene sagte, es habe ausgesehen, als hätte Marylin eine Maske abgenommen, ohne dass dort eine Maske war. Doch eine Maske existierte und Marylin Monroe konnte sie einsetzen wie kaum jemand anderes. Sie war eine absolute Expertin der Körpersprache. Sie konnte ihr Charisma, ihre überwältigende Ausstrahlung allein durch ihren Gang, ihr Lächeln, ihre Gestik und ihre Haltung, an- und ausschalten.

Sie war eine Meisterin der Rhetorik.

Aber Sie müssen nicht wie Marylin Monroe sein - Sie müssen nur Sie selbst sein. Und Sie haben bestimmt auch schon längst erkannt, welch mächtige Kraft die gekonnte Rhetorik einem Menschen verleiht. Ich möchte diese Schlussworte dafür nutzen, um Ihnen noch ein paar letzte Tipps mit auf den Weg zu geben. Mit diesen sind Sie gewappnet, um die Kraft der Rhetorik voll auszuschöpfen.

Das Leiden der Künstler

Schauspieler haben es, bevor Sie die Bühne betreten, Musiker haben es vor einem Konzert und die Sportler vor dem großen Spiel. Die Rede ist von Lampenfieber. Einige Menschen bekommen Bauchschmerzen, anderen wird es schlecht, einigen sogar schwindelig und die Muskeln verkrampfen. Die Rede ist von Lampenfieber.

Doch wovor hat man eigentlich Angst? Man hat doch alles gefühlte 100 Mal geübt und alles lief perfekt! Woher diese Furcht? Es ist die Furcht davor, einen Fehler zu machen, sich zu blamieren, dem Druck nicht standzuhalten, die Massen zu enttäuschen. Aber glauben Sie mir: Diese Angst ist etwas Gutes. Warum? Weil sie zeigt, dass Ihnen etwas an dem liegt, was Sie tun. Wäre es Ihnen egal, würden Sie keinen Druck spüren.

Selbst die größten Künstler, die „alten Hasen“ im Showbusiness, selbst sie empfinden noch Lampenfieber. Das ist es, wofür der Künstler lebt. Ein Extremsportler holt sich das Adrenalin mit einem Fallschirmsprung, Künstler holen es sich auf der Bühne. Denn sobald man wirklich auf der Bühne steht, sobald man den ersten Satz sagt und die Rede beginnt, da ist alle Angst und jedes Gefühl von Krankheit verschwunden. Und wenn man dann den Applaus erhält und stolz ist, auf das, was man geleistet hat, dann ist das das höchste Glücksgefühl für jeden Künstler.

Wenn Sie also diese Angst spüren, dann fürchten Sie sich nicht. Glauben Sie nicht, dass diese Angst und Nervosität nun Ihren Auftritt ruinieren wird. Sehen Sie diese eher als Motivation, jetzt alles richtig zu machen.

Wie geht es nun weiter? – Ausblick

Rhetorik lernt man nur durch die Praxis. Dieses Buch war Ihr idealer Einstieg in das Thema, doch Ihre Reise ist hier noch nicht vorbei. Um Ihre Rhetorik wirklich nachhaltig zu verbessern, müssen Sie vor allem eines tun: Üben, üben, und nochmals Üben!

Wenden Sie die Übungen aus diesem Buch an, suchen Sie Gespräche und Diskussionen mit Freunden, hören Sie anderen Menschen beim Sprechen zu. Oder suchen Sie sich eine Gruppe von Menschen, die ebenso interessiert ist an der Rhetorik wie Sie selbst. Besuchen Sie ein Rhetorik-Seminar oder wählen Sie ein Rhetorik-Coaching. Auch Volkshochschulen bieten manchmal Kurse an. Oder vielleicht gibt es in Ihrer Nähe einen Debattierclub.

Und es muss noch nicht einmal ein Kurs oder Seminar sein, in dem es direkt um Rhetorik geht. Theater- oder Improvisationsgruppen, Lesezirkel, Stand-up Bars oder Poetry Slams – das alles sind Orte, an denen Menschen begeistert reden und Freude an der Rhetorik haben. Dort finden Sie auch schnell Gleichgesinnte, mit denen Sie sich austauschen und gemeinsam üben können.

Authentizität ist der Schlüssel

Zuletzt möchte ich Ihnen nur noch eine Sache ans Herz legen: Egal ob speziell im Bereich der Rhetorik oder im Leben allgemein - nichts ist wichtiger als Authentizität! Wenn Sie zu sich und dem stehen, was Sie denken, dann kann Sie nichts aus der Bahn werfen.

Sie halten einen Vortrag und haben einen Blackout? Das nächste Mal läuft es wieder besser! Ihre Präsentation kam bei Ihrem Chef leider nicht so gut an? Das nächste Mal läuft es besser! Sie haben sich beim Smalltalk total blamiert? Keine Sorge! Denn das nächste Mal läuft es besser.

Selbstreflexion ist wichtig und wir alle können uns noch verbessern, aber fangen Sie niemals an, an sich zu zweifeln. Was Sie in diese Welt bringen, ob als Motivationsredner, als Lehrer oder als Wegweiser, das kann Ihnen niemand nehmen.

Verlieren Sie dabei nie Ihr eigentliches Selbst aus den Augen. Nur, wenn Sie Ihre Authentizität wahren, werden Sie ein glückliches und erfolgreiches Leben führen. Versuchen Sie stets, sich zu verbessern, jedoch nie Ihr tiefstes Inneres zu ändern.

Mit diesen Worten bedanke ich mich bei allen Lesern für das Vertrauen und wünsche Ihnen Erfolg, gute Erfahrungen und einen perfekten Start in die Welt der Rhetorik.

Herzlichst,

Annika Durand

Printed in Poland
by Amazon Fulfillment
Poland Sp. z o.o., Wrocław

54967121R00069